KB162758

왜
4·19 혁명이
일어났을까?

교과서 속 역사 이야기, 법정에 서다

57
역사공화국
한국사법정

왜 장면 vs 이승만

4·19혁명이

일어났을까?

글 박은화 | 그림 이남고

부정선거 무효처리!

주|자음과모음

우리나라 헌법 제1조 제1항에는 이렇게 쓰여 있습니다. "대한민국은 민주공화국이다."

이제 민주주의는 일상생활처럼 우리와 친숙한 단어가 되었습니다. 하지만 현실에서 민주주의는 말처럼 쉽게 얻어지는 게 아닙니다. 민주주의 선진국이라 할 수 있는 유럽과 미국에서도 수많은 시간과 노력, 때로는 피를 흘리는 싸움과 죽음을 대가로 치르고 나서야 민주주의 정치가 자리를 잡을 수 있었으니까요.

특히 일제 강점기 시기를 거쳐 60년 넘게 분단을 겪고 있는 우리나라에서 민주주의가 실현되는 것은 결코 쉬운 일이 아닙니다. 실제로 우리나라 정치사를 돌아보면 민주주의의 기억보다는 독재와 부정부패의 기록이 훨씬 많은 것을 알 수 있죠. 그럼에도 불구하고 우리나라 정치는 아시아 어느 나라보다 빠르게 민주주의를 향해 나아가고 있습니다.

이러한 오늘날의 정치 문화가 결코 저절로 형성된 것은 아닙니다. 국민의 손으로 국회 의원과 대통령을 뽑고 그들이 하는 정치에 대해 비판하고, 때론 국민의 의견을 직접 전달하기도 하는 것이 오늘날에는 자연스러운 정치 일상이 되었지만, 이러한 정치 문화가 자리 잡기까지 수많은 사람들의 노력이 필요했어요. 그 노력의 과정에는 때로 목숨을 던지는 희생이 뒤따르기도 했습니다.

정치 발전을 위한 이러한 희생과 노력의 출발점에 '4·19 혁명'이라는 거대한 물결이 있습니다. '아시아 최초의 시민 혁명!', '국민의 힘으로 정권을 바꾼 민주 혁명!' 등 여러 수식어가 붙을 정도로, 4·19 혁명의 역사적 의의는 대단합니다. 그런데 안타깝게도 오늘날 많은 사람들이 4·19 혁명의 의미를 점점 잊어버리는 것 같습니다. 오로지 맨주먹과 의지만으로 국민이 주인 되는 민주주의 국가를 만들기 위해 거리로 뛰쳐나왔던 선현들의 정신이 점점 잊히고 있는 것이죠.

4·19 혁명은 이승만의 독재 정치를 국민의 손으로 마감한 역사적 사건이자 우리나라의 자랑스러운 기록입니다. 그럼에도 불구하고 많은 사람들이 4·19 혁명이 언제, 왜 발생했는지, 그로 인해 우리가 무엇을 얻게 되었는지 기억하지 못하며 관심조차 없습니다. 하지만 4·19 혁명은 우리나라 민주주의의 첫 출발점이자 왜 국민을 위한 정치가 이루어져야 하는지를 잘 보여 주는 사건으로서, 4·19 혁

명에 대해 알고 그 의미를 되짚어 보는 것은 앞으로 우리나라 정치 발전을 위해 꼭 필요한 일임에 틀림없습니다.

'민주주의'는 완성이 아니라 과정이라고 합니다. 우리나라보다 몇백 년 앞서서 민주주의를 실천하고 있는 나라들에서도 더 나은 민주주의를 위해 끊임없이 노력하고 있습니다. 왜냐하면 노력을 게을리하는 순간 민주주의는 금세 사라지거나 쇠퇴하기 때문이죠. 우리나라 역시 더 많은 국민이 만족할 수 있는 민주주의를 만들기 위해 지금 이 순간에도 수많은 사람들이 노력하고 있습니다.

민주주의의 발전은 특정인이 아니라 모든 사람이 관심을 가지고 노력할 때 더 빠르고 더 폭넓게 이루어질 수 있습니다. 이제는 그 노력을 다른 사람에게 맡길 것이 아니라 나부터 해 나가야 합니다. 그런 의미에서 4·19 혁명에 대해 알고 이해하는 것은 매우 중요합니다.

4·19 혁명의 성과에 대한 평가는 엇갈리고 있습니다. 긍정적으로 평가하는 사람도 있지만, 정치적 혼란을 야기한 사건으로 바라보는 사람도 있지요. 과연 4·19 혁명의 원인은 무엇이고, 이후 우리나라 정치에 어떤 영향을 미쳤을까요? 여러분이 직접 4·19 혁명의 의의와 한계를 판단해 보는 건 어떨까요?

자, '4·19 혁명' 속으로 여러분을 초대합니다.

박은화

책머리에 | 5

교과서에는 | 10

연표 | 12

등장인물 | 14

프롤로그 | 18

미리 알아두기 | 24

소장 | 26

재판 첫째 날 이승만의 장기 집권 의도로 인한 정치 왜곡

1. 발췌 개헌은 왜 이루어졌으며 그 결과는 무엇인가? | 30

2. 사사오입 개헌은 어떻게 이루어졌나? | 51

3. 진보당 사건과 조봉암 처형의 진짜 의도는 무엇일까? | 58

열려라, 지식 창고_이승만의 정읍 발언 | 70

휴정 인터뷰 | 71

재판 둘째 날 3·15 부정 선거와 4·19 혁명의 발생

1. 3·15 부정 선거는 어떻게 이루어졌나? | 76
2. 마산 의거와 김주열 학생의 죽음 | 88
3. 시민들은 왜 4월 19일, 거리로 나왔을까? | 99
열려라, 지식 창고_우리나라 공화 체제의 변화 과정 | 114
휴정 인터뷰 | 116
역사 유물 돋보기_1960년대 학생들은 어떤 교과서를 보았을까요? | 119

재판 셋째 날 4·19 혁명의 결과와 그 이후 정치 상황

1. 이기붕 일가의 자살과 이승만 정권의 붕괴 | 124
2. 제2공화국 출범으로 성립한 장면 정부 | 133
3. 4·19 혁명의 의의와 한계 | 143
열려라, 지식 창고_미국의 경제 원조 | 149
열려라, 지식 창고_5·16 군사 정변 | 150
휴정 인터뷰 | 151

최후 진술 | 154
판결문 | 160
에필로그 | 162
떠나자, 체험 탐방! | 168
한 걸음 더! 역사 논술 | 170
찾아보기 | 175

이승만 정부의 독재에 대한 국민들의 불만이 높아지는 가운데 1960년 3월 15일에 정부통령 선거가 실시되었다. 부정부패로 민심을 잃은 자유당과 이승만 정부는 나이가 많은 이승만 대통령의 부재 시 지위를 계승할 부통령 자리에 이기붕을 당선시키려고 대대적인 부정 선거를 벌였다.

중학교

사회 3

Ⅰ. 민주 정치와 시민 참여
4. 민주 정치의 발전 과제
  – 우리나라 민주 정치의 시련과 발전

역사

Ⅹ. 대한민국의 발전
2. 민주주의의 시련과 경제 개발
  1. 4·19 혁명과 5·16 군사 정변은
     왜 일어났는가?
     – 4·19 혁명

4·19 혁명은 우리나라 최초의 민주주의 혁명으로 1960년에 일어났다. 당시 이승만 정권의 장기 집권과 그에 따른 부정부패에 분노한 시민들이 일어나 민주화를 요구하였다.

4·19 혁명은 고등학생들이 앞장서고 대학생과 시민들이 폭넓게 참여하여 독재 정권을 무너뜨린 아시아 최초의 민주 혁명으로, 이후 계속된 민주화 운동의 주춧돌이 되었다.

고등학교

한국사

IX. 대한민국의 발전과 국제 정세의 변화
  2. 민주주의의 시련과 발전
    1) 4·19 혁명, 이승만 독재를 무너뜨리다

IX. 대한민국의 발전과 국제 정세의 변화
  2. 민주주의의 시련과 발전
    2) 4·19 혁명의 기대 속에 출범한 장면 내각

4·19 혁명 이후 구성된 과도 정부는 새 헌법 제정에 나서 내각 책임제 개헌을 이룬다. 이에 따라 실시된 총선거에서 민주당이 압승을 거두면서 윤보선이 대통령에 선출되고, 윤보선 대통령이 장면을 국무총리에 지명함으로써 장면 내각이 출범하게 된다.

1948년	5·10 총선거 실시, 대한민국 정부 수립
1950년	6·25 전쟁
1952년	평화 선언
	발췌 개헌안 국회에서 통과
1953년	휴전 협정 조인
1954년	사사오입 개헌
1956년	제3대 대통령 선거, 이승만 당선
1958년	국가 보안법 개정
1959년	『경향신문』 폐간
1960년	4·19 혁명, 장면 내각 성립
1961년	5·16 군사 정변

1945년   일본 항복, 유엔 성립

1946년   파리 강화 회의

1947년   마셜 플랜

1948년   세계 인권 선언

1950년   유엔, 한국 파병 결의

1954년   인도차이나 휴전 성립

1956년   헝가리·폴란드, 반공 의거

1961년   소련, 유인 인공위성 발사

1962년   쿠바 봉쇄

1963년   핵 실험 금지 협정

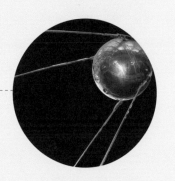

원고 **장면 (1899년~1966년)**

대한민국 초대 주미 대사를 지냈고 국무총리를 역임
하기도 했어요. 이후 야당 지도자로서 이승만과 자유
당 독재 정권에 맞서 싸웠지요. 4·19 혁명으로 이승만
정권이 쫓겨난 뒤 국무총리가 되었지만, 이듬해 5·16
군사 정변이 발생하면서 정치에서 물러났습니다.

원고 측 변호사 **한민주**

스물다섯 살에 사법 고시에 합격한 뒤 여성 인권 변호
사로 활약했어요. 병으로 세상을 일찍 떠나는 바람에
모두를 안타깝게 했지요. 풍부한 역사 지식과 올바른
가치관으로 역사공화국에서 맹활약하려 합니다.

원고 측 증인 **신익희**

독립운동가이자 정치인으로 1948년 제헌 국회 의
원 및 부의장, 1950년 제2대 국회 의원 및 국회 의장,
1955년 민주당 대표 최고 위원을 지냈습니다. 1956년
에 민주당 대통령 후보로 유세하러 가던 중 열차 안에
서 뇌일혈로 급사했지요.

조병옥

독립운동가이자 정치인입니다. 1950년 6·25 전쟁 때에는 내무 장관으로 대구 사수를 위해 진두지휘했지요. 그 후 반독재 운동을 하다 1960년에 민주당 대통령 후보로 나섰으나, 선거 1개월 전에 병사하였어요.

조봉암

독립운동가이자 정치인으로 제헌 의원, 초대 농림부 장관을 지냈어요. 제2대, 제3대 대통령 선거에서 낙선한 뒤 진보당을 창당해 활동하다가, 국가 보안법 위반 혐의로 사형 선고를 받고 1959년에 처형되었습니다. 2011년 1월 20일 대법원에서 간첩죄와 국가 보안법 위반 등 주요 혐의에 대해 무죄 선고를 받았지요.

김주열

1960년 마산상고에 입학하여 3·15 부정 선거를 규탄하는 시위에 참가했지요. 그 한 달 후인 4월 10일 최루탄이 눈에 박힌 채 시신이 마산 앞바다에 떠올랐고, 이것이 경찰의 소행으로 밝혀지면서 4·19 혁명의 도화선이 되었어요.

윤보선

초대 서울특별시장과 상공부 장관을 지냈습니다. 제3대, 제4대 국회 의원 민주당 최고 위원을 지냈어요. 이승만 정권이 붕괴된 후 제4대 대통령에 선출되었으나, 5·16 군사 정변 후 사임하였지요.

피고 **이승만 (1875년~1965년)**

대한민국의 초대, 2대, 3대 대통령으로 12년 동안 집권했어요. 장기 집권을 위해 발췌 개헌, 사사오입 개헌 등을 했지요. 4대 대통령에 당선되었지만 국민들의 4·19 혁명에 떠밀려 그만 하와이로 망명 갔답니다.

피고 측 변호사 **이나라**

한민주 변호사와는 사법 연수원 시절부터 라이벌이었어요. 기업체와 정치 관련 재판에서 승승장구하던 중 과로로 인해 급사해 역사공화국에 왔지요. 풍부한 재판 경험이 가장 큰 장점이에요.

피고 측 증인 **장택상**

수도 경찰청장·제1관구 경찰청장으로 재임하면서 좌익 세력 축출에 큰 공을 세웠으며, 혼란기의 치안 유지에 노력했어요. 1952년 발췌 개헌 당시 국무총리였답니다.

피고 측 증인 **갈홍기**

이승만 대통령의 종신제를 보장하는 사사오입 개헌 당시 정부의 공보처장으로, 내 이름으로 개헌안 통과가 발표되었지요. 대표적인 이승만 충성파로 이승만과 자유당 정권을 위해 내내 노력했답니다.

피고 측 증인 **송요찬**

4·19 혁명 당시 서울 지역 계엄 사령관으로 임명되어 시위를 진압했어요. 혁명의 발생으로 이승만 대통령의 입지가 좁아지자 하야와 의원 내각제 정부 수립을 권유한 인물 중 한 사람입니다.

피고 측 증인 **이기붕**

이승만의 비서, 서울특별시장, 국방부 장관 등을 지냈습니다. 1960년 3월 15일 공개·부정 선거로 부통령에 당선되었으나, 4·19 혁명 때문에 부통령직을 사임하고 전 가족이 자살하였습니다.

피고 측 증인 **허정**

독립운동가로 3·1 운동, 대한민국 임시 정부에 참여했고, 광복 후 제헌 국회 의원과 서울특별시장, 외무부 장관을 지냈어요. 4·19 혁명 후 과도 내각에서 대통령 권한 대행을 수행하였습니다.

"4·19 혁명의 중요성을 다시 한번 만천하에 알리리라!"

　나 한민주는 스물다섯 살에 사법 고시에 합격한 뒤 인권 변호사로 활약하며 한국 법조계의 유망주로 평가받았다. 병으로 일찍 죽지만 않았다면 더 많은 활약을 했을 텐데, 지구에서의 생활에 아쉬움이 많이 남는다.

　하지만 지금은 만족한다. 역사공화국에서 이렇게 변호사 생활을 할 수 있으니. 평소 한국 역사에 관심이 많았던 나로선 물 만난 물고기가 된 기분이랄까…….

　이런 나에게 어느 날 특별한 의뢰인이 찾아왔다. 다름 아닌 '장면'.

　"여기가 한민주 변호사 사무실인가요?"

　사무실로 들어오는 장면 씨를 보는 순간 난 깜짝 놀랐다.

　'혹시 저 사람…….'

사진으로 장면 씨를 본 적이 있는 나이기에 설마하는 마음에 가슴이 두근거렸다.

"무슨 일로 오신 거죠?"

"소송을 의뢰하려 합니다."

"혹시 4·19 혁명과 관련된 사건인가요?"

어떻게 알았냐는 표정을 지으며 놀라는 장면 씨에게 내가 설명했다.

"제가 역사에 관심이 많아서요."

"그러시군요. 역시 제가 제대로 찾아왔네요. 살아생전 4·19 혁명의 마무리를 잘하지 못했다는 생각에 항상 찜찜했습니다. 이제라도 제대로 정리하고 싶어서 소송을 걸려 하는데 변호사를 구하기가 쉽지 않더군요."

"민감한 사건인 데다가, 현재 대한민국 정치인들과 연관될 가능성도 있기 때문이겠죠."

"잘 아시는군요. 쉽지 않겠다고 생각은 했습니다만, 변호사들이 재판을 꺼리니 저도 점점 자신이 없어지더군요. 그런데 한 변호사가 인권 변호사로 활동하셨고 능력 또한 탁월하다는 얘기를 듣고 혹시나 하며 찾아오게 되었지요."

살아생전 내 능력을 인정받자 나는 뿌듯한 마음이 들었다.

"이 사건을 맡아 주시겠습니까?"

장면 씨가 진지한 얼굴로 나에게 소송을 의뢰했다.

"저도 부담이 되긴 합니다만, 솔직히 욕심이 나네요. 평소 4·19 혁명에 관심이 많으면서도 그 결과에 아쉬움이 있었거든요. 이번 소송을 통해 그 아쉬움을 털어 버리고 싶습니다."

"정말 고맙습니다. 저도 한 변호사라면 사건을 믿고 맡길 수 있을 것 같습니다."

장면 씨가 내게 악수를 청했다.

"상대는 누구인가요?"

"이승만입니다."

"역시 그렇군요. 4·19 혁명은 이승만 독재 정권에 대한 항거였으니 당연히 이승만 씨와 싸워야겠죠. 하지만 전직 대통령이니 재판에서 이기기가 쉽지만은 않겠네요."

"저도 그 점이 걱정입니다."

장면 씨는 걱정스러운 표정을 지었다.

"혹시 피고 측 변호사가 누군지 아시나요?"

재판에 있어 상대편 변호사를 알고 준비하는 것은 기본이다.

"이나라 변호사라고 들었습니다."

나는 깜짝 놀랐다. 이나라는 나와 사법 연수원 동기로 그 시절부터 라이벌이었다. 이후 변호사 생활을 하면서 나와 이나라는 사건마다 의견이 대립되었고, 그러다 보니 둘 사이도 점차 멀어졌다. 그런 이나라와 내가 역사공화국 재판에서 다시 만나다니…….

"이나라 변호사라면 재판이 쉽지는 않겠군요."

"잘 아는 변호사입니까?"

"네, 제 라이벌이었죠. 능력이 탁월한 변호사입니다. 역사공화국에서 다시 만나다니 긴장되는데요. 하지만 걱정 마세요. 이나라 변

호사라면 더더욱 질 생각은 없으니까요."

　나의 자신 있는 대답에 장면 씨의 표정이 밝아졌다.

　"이번 재판을 통해 4·19 혁명의 의미를 재확인하고 그 중요성을 인정받고 싶습니다. 이건 나를 위해서가 아니라 대한민국 정치를 위해 꼭 필요한 과정이라고 생각해요. 그렇기에 절대로 질 수 없습니다. 아니, 져서는 안 됩니다."

　"걱정하지 마세요. 저로서도 절대 질 수 없는 재판이니까요."

　이제 곧 재판이 시작된다. 재판을 준비하는 동안 도와주겠다는 사람들을 많이 만났다. 그만큼 사람들이 4·19 혁명에 관심이 많다는 것을 알 수 있었다. 이승만 독재 정권을 종식시키고 한국 민주주의의 출발점이 된 사건이니 관심이 많을 수밖에……. 새삼 사건의 중요성이 느껴지면서 부담감이 더 커졌다. 하지만 한편으로는 뿌듯하다. 이런 중요한 사건을 내가 맡게 되었으니.

최근에는 4·19 혁명에 대한 관심이 많이 줄었다고 한다. 사건이 발생한 지 50년이 지나면서 그 기억이 희미해진 데다가, 민주주의와 인권을 지키기 위한 혁명의 필요성이 줄었기 때문이기도 할 것이다. 하지만 1960년에 4·19 혁명이 발생하지 않았다면 대한민국에서 민주주의의 시작은 그만큼 늦어졌을 것이다. 이것이 4·19 혁명의 의의이자 중요성이라 할 수 있다.

이런 중요한 사건의 재판에서 진다는 건 있을 수 없는 일이다. 반드시 승리하여 4·19 혁명의 중요성을 다시 한번 만천하에 알리리라! 아마도 이것이 내가 역사공화국에 오게 된 이유일지도 모르겠다. 곧 재판이 시작된다는 생각에 가슴이 벅차오른다. 대한민국의 민주주의 역사를 위해, 그리고 4·19 혁명 당시 희생된 수많은 사람들을 위해 재판에 최선을 다해서 꼭 승리하겠다!

왜 4·19 혁명이 발생했을까?

민주주의의 불꽃, 4·19 혁명

대한민국의 초대 대통령이었던 이승만은 헌법을 고치면서까지 정권을 유지하려고 했습니다. 1956년에는 3선 대통령이 되기 위해 헌법을 바꾸는 문제로 국회 투표를 하게 되었는데, 203명의 의원 중 135명이 찬성을 했습니다. 하지만 헌법을 바꾸려면 203명의 3분의 2인 135.33…명, 즉 136명의 찬성이 필요했지요. 그러자 이승만과 자유당 쪽은 '절반이 안 될 때는 없는 것으로 계산하고, 절반이 넘을 때에만 하나로 여겨야 한다'는 사사오입을 적용해 135명이면 헌법을 바꿀 수 있다고 주장하지요. 결국 이승만은 3선 대통령이 되었어요.

이렇게 이승만은 무려 12년이나 대통령을 했지만, 1960년 3월 15일 치러진 제4대 대통령 선거에서도 계속 집권하려고 온갖 부정부패를 저지르지요. 돈을 주어 자신을 지지하게 하고, 투표할 때 조를 짜서 서로 감시하게 하거나 투표함을 바꿔치기 하는 등, 있을 수 없는 일을 벌입니다. 이를 '3·15 부정 선거'라고 해요.

이에 분노한 국민들이 곳곳에서 부정 선거 무효를 주장하는 시위를 벌이자, 정부에서는 공산당이 시위를 조종한다고 매도하며 무력으로 진압합니다. 그런데 마산 시위가 있고 한 달 뒤에 시위 당시 실종되었던 한 학생의 시신이 발견됩니다. 바로 경찰이 쏜 최루탄에 맞고 사망한 김주열로, 경찰이 몰래 바다에 던져 버렸던 것이지요.

이 사건이 다시 국민들의 분노를 불질러, 4월 18일 서울의 대학생들 사이에서 독재 정권에 반대하는 시위가 일어나지요. 결국 이승만은 대통령 자리에서 물러나겠다고 발표합니다. 마침내 국민의 손으로 이승만 정권을 무너뜨리고 민주주의의 불꽃을 키워 나가게 된 것이지요. 이것이 바로 4·19 혁명입니다.

4·19 혁명에 참여한 시위대의 모습

원고 | 장면	대리인 | 한민주 변호사
피고 | 이승만	대리인 | 이나라 변호사

청구 내용

1960년, 국민들은 이승만과 자유당의 독재 정치와 부정부패에 지쳐 있었고, 선거에서 야당의 승리는 확실해 보였습니다.

하지만 야당의 대통령 후보인 조병옥 박사가 선거 한 달 전에 죽자 이승만은 또다시 대통령에 당선될 수 있었습니다. 이렇게 되자 선거의 관심은 부통령 후보인 자유당의 이기붕과 민주당의 저, 장면의 대결로 쏠리게 되었지요. 당시 이승만이 84세로, 만약 대통령이 정치를 하지 못할 경우 부통령이 정권을 책임져야 했기 때문이지요. 전 국민들이 지지한다는 사실을 알고 있었기 때문에 당선될 자신이 있었습니다.

그러나 투표 전 미리 투표해 두기, 짝지어 투표소에 들어가 자유당 후보 찍게 하기, 개표 전 투표함 교체하기 등 말도 안 되는 불법 선거로, 이기붕이 80%가 넘는 지지를 받으며 부통령에 당선되었습니다. 자유당 지지 표가 전체 유권자 수보다 많이 나오는 코미디가 펼쳐졌지요.

이에 화가 난 국민들이 이승만과 자유당 정권의 퇴진을 주장하며 시위를 벌이자 이승만과 자유당은 국민들을 총칼로 위협했고, 이 과정에서 고등학생 김주열을 비롯한 많은 사람들이 죽음을 당했습니다. 이에 국민들이 죽음을 무릅쓰고 거리로 뛰쳐나왔고, 4·19 혁명이 시작되었지요. 이승만은 부통령에 당선된 이기붕을 물러나게 함으로써 부정 선거를 마무리 지으려 했지만, 국민들은 수그러들지 않았습니다. 결국 교수들까지 들고일어나자 이승만은 어쩔 수 없이 대통령 자리에서 물러났습니다. 그 과정에서 수많은 국민들이 목숨을 잃었습니다. 그들의 고귀한 죽음과 희생에 대해 이승만은 책임을 져야 합니다.

또한 이승만 정권이 12년 동안 저지른 불법적 정치 행위는 이후 정치에도 고스란히 이어집니다. 실제로 박정희는 헌법을 바꿔 가며 무려 19년이나 독재를 했습니다. 즉, 이승만과 자유당 정권은 불법적이고 부정적인 정치 문화를 세움으로써 이후 대한민국 정치에 나쁜 영향을 미쳤습니다. 이에 대한 책임 역시 이승만이 져야 한다고 생각합니다.

따라서 저는 이승만에게 4·19 혁명 과정에서 희생된 사람들에 대한 피해 보상과, 한국의 잘못된 정치 문화 형성에 영향을 준 데 대한 손해 배상을 요구하는 바입니다.

입증 자료

- 중학교 교과서
- 고등학교 교과서
  그 외 자료 추후 제출하겠음.

위 청구인 장면
역사공화국 한국사법정 귀중

이승만의 장기 집권 의도로 인한 정치 왜곡

1. 발췌 개헌은 왜 이루어졌으며 그 결과는 무엇인가?
2. 사사오입 개헌은 어떻게 이루어졌나?
3. 진보당 사건과 조봉암 처형의 진짜 의도는 무엇일까?

교과연계

사회
I. 민주 정치와 시민 참여
  4. 민주 정치의 발전 과제
    - 우리 나라 민주 정치의 시련과 발전

1

발췌 개헌은 왜 이루어졌으며 그 결과는 무엇인가?

　이번 재판을 보러 독립운동을 했던 애국지사들이 법정에 모인다는 소문이 역사공화국에 퍼졌다. 웬만해선 나서지 않는 애국지사들이 피고나 원고, 증인도 아닌 순수한 방청객으로 재판을 보러 온다니 대체 무슨 재판이냐며 사람들은 궁금해했다.

　재판이 4·19 혁명에 대한 것이고 그 재판의 피고가 다름 아닌 이승만 전 대통령이라는 것이 알려지면서 재판에 대한 관심은 더욱 커졌다. 그도 그럴 것이, 이승만이 비록 국민들에 의해 쫓겨나긴 했지만, 대한민국의 초대 대통령이자 무려 12년 동안이나 권좌에 있었던 구 권력의 상징이 아닌가! 그런데 그런 사람을 피고로 세우다니……. 게다가 이승만이 피고가 된 재판에 왜 애국지사들이 몰려드는 것인지 이해할 수가 없었다.

"이번 재판의 원고가 장면이라면서?"

"▶장면이라면, 3·15 부정 선거 때 이기붕에게 패했던 민주당의 부통령 후보 말이야?"

"그래, 그 장면이 이번 소송을 제기했다고 하더라고."

"하긴, 장면이라면 그 당시 가장 큰 피해를 본 사람이라고 할 수 있지."

"개인적인 피해 보상을 위해 소송을 제기한 게 아니라, 이승만 대통령 때문에 우리나라의 정치 문화가 잘못된 데 대한 손해 배상을 청구했다는데……."

"그래? 왠지 복잡한 재판이 될 것 같구먼. ▶▶그런데 김구 선생님을 비롯해 김규식, 신채호 선생님도 보이는데! 애국지사들은 왜 온 거지?"

"이승만도 원래 독립운동 했던 사람이잖아. 대한민국 임시 정부에서 초대 대통령까지 지냈다고. 물론 얼마 못 가 쫓겨나긴 했지만……."

여러 소문과 이야기가 난무하는 가운데 법정에 장면과 한민주 변호사가 나타났다. 기자들이 한민주 변호사에게 몰려갔다.

"한민주 변호사님은 이번 재판이 역사공화국에서 맡은 첫 번째 재판이라고 들었습니다. 승소할 자신은 있으신가요?"

"물론입니다. 이 땅의 민주주의와 정의는 절대 패배하지 않습니다."

초대
차례로 이어 나가는 자리나 지위에서 그 첫 번째에 해당하는 차례나 그런 사람을 뜻합니다.

승소
소송에서 이기는 일 즉, 소송 당사자의 한편이 자기에게 유리한 판결을 받는 일을 말합니다.

교과서에는

▶ 제3대 정부통령 선거에서 이승만은 상대편 조봉암 후보를 힘들게 누르고 당선되었지만, 부통령에는 민주당의 장면이 자유당의 이기붕을 누르고 당선됩니다.

▶▶ 김구는 대한민국 임시 정부의 주석으로 독립운동에 앞장섰던 인물입니다.

"피고인 이승만 전 대통령을 변호하는 이나라 변호사의 실력은 어느 정도라고 생각하십니까?"

"이나라 씨는 뛰어난 변호사임에 틀림없습니다. 하지만 민주주의와 정치 발전을 가로막는 독재는 절대 승리할 수 없습니다. 저는 이번 재판에서 독재는 결코 민주주의를 이길 수 없다는 사실을 증명해 보이겠습니다."

"너무 힘이 들어가 있는 것 아닙니까? 한 변호사!"

언제 나타났는지 이승만과 함께 서 있는 이나라 변호사가 비꼬듯 말했다. 기자들은 이번에는 이나라 변호사에게 질문했다.

"이나라 변호사는 한민주 변호사와 잘 아는 사이라고 하던데, 이번 재판에 이길 자신이 있으십니까?"

"정에 이끌리거나 감정만으로 재판에 승리할 수는 없습니다. 감정보다는 냉철한 판단력과 현실감이 변호사에게는 더 필요한 요소이지요. 오늘 제가 진짜 재판이 뭔지 확실히 보여 드리겠습니다."

거만한 이나라 변호사의 태도에 한민주 변호사는 화가 났지만, 이런 말싸움에 진을 빼 봤자 득 될 게 없다는 판단에 참기로 했다.

그때 판사가 법정으로 들어왔다. 이내 법정은 숙연해졌고, 장면과 한민주 변호사, 이승만과 이나라 변호사는 각자 원고석과 피고석으로 가서 자리를 잡았다.

판사　지금부터 재판을 시작하겠습니다. 먼저 원고 측의 기소 이유를 들어 보겠습니다. 원고 측 변호인! 준비되셨습니까?

한민주 변호사　존경하는 판사님! 그리고 배심원 여러분! 이번 소송은 4·19 혁명의 진정한 의미와 대한민국의 민주주의 발전 과정을 돌아보기 위해 제기되었습니다. ▶4·19 혁명은 1960년의 3·15 부정 선거에 대항하여 민중이 들고일어난 시민 혁명으로, 이 사건으로 인해 이승만 독재 정권은 무너졌습니다. 하지만 이승만 독재 정권이 남긴 아픈 정치 역사마저 사라진 것은 아니었습니다. ▶▶혁명 당일에만 183명이 죽었고 6259명이 부상을 당했으며, 혁명을 전후하여 피해를 본 사람은 이보다 훨씬 많았습니다. 피고는 장기 집권을 위해 정권을 위협하는 많은 사람들을 감옥에 가두거나 죽였어요. 또한 부정 선거에 항거하는 시민들을 죽이고 이를 은폐하려고 했지요. 이는 민주주의 국가에서 절대 일어나서는 안 되는 반민주적인 행태로 대한민국 정치 역사의 부끄러운 측면이기도 합니다.

　하지만 3·15 부정 선거와 4·19 혁명은 이승만 독재 정권의 작은 단면에 불과합니다. 다시 말해, 4·19 혁명은 민중이 피고와 자유당 정권의 반민주적 정치를 참고 참다가 더 이상 견디지 못하고 폭발한 것일 뿐, 이승만 정권의 반민주적 행태는 이보다 훨씬 많았습니다. 따라서 4·19 혁명을 제대로 이해하기 위해서는 이승만 정권이 그 전에 어떠한 정치를 했는지 살펴봐야 합니다. 저는 이번 재판을 통해 이승만 정권의 정치 행태를 낱낱이 밝히고자 합니다.

　또한 이승만 정권이 남긴 잘못된 정치 행태는, 4·19 혁명 이후 대한민국 정치가 혼란을 겪고 또다시 독재 정치를 거치게 되는 시발점이 됩니다. 이승만 정권은 무너졌지만, 피고와 그 일파가 만들어 놓은 정치 문화는 그대로 남아 한국의 정치가 바로 서지 못하게 가로막는 걸림돌 역할을 한 거죠. 따라서 이 재판을 통해 이승만 정권의 독재 정치로 인해 피해를 본 사람들의 피해 보상과 더불어, 이승만 정권의 정치 행태로 인해 더딘 발전을 할 수밖에 없었던 한국 정치에 대한 손해 배상을 요구하는 바입니다.

판사   잘 들었습니다. 원고, 말씀하시겠습니까?

장면   제가 소송을 제기한 건 이승만 정권의 불법을 고발하고 우리나라 정치에 미친 악영향에 대한 보상을 받기 위해서입니다. ▶이승만 정권은 **발췌 개헌**, 사사오입 개헌 등의 불법을 자행하여 12년간 집권한 것도 모자라 또다시 부정 선거로 정권을 연장하려다가 4·19 혁명으로 인해 막을 내리게 되었습니다. 그뿐만 아니라, ▶▶이승만 정권으로 인한 정치적 불신과 혼란은 4·19 혁명 이후에도 이어져, 제가 중심이 되어 세워진 제2공화국은 1년도 안 돼 무너지고 말았습니다. 그 과정을 살펴보다 보면 이승만 대통령과 자유당 정권의 욕심이 한국 정치에 얼마나 큰 상처를 주었는지 느끼게 될 것입니다. 또한 그들의 잘못된 정치로 인해 우리나라 민주주의의 발전이 얼마나 늦춰졌는지도 알게 될 것입니다. 이 모든 정치적 오류의 출발선에 피고 이승만이 있습니다. 이에 저는 피고에게 그

교과서에는

▶ 1960년 3월 정부통령 선거에서 이승만과 자유당은 부정 선거로 정권을 연장하려 하였습니다.

▶▶ 장면 내각은 1961년 5월 16일, 박정희를 중심으로 한 일부 군인들이 일으킨 군사 정변에 무너지고 맙니다.

책임을 묻고자 합니다.

판사   이제 피고 측 발언을 듣겠습니다. 피고 측 변호인! 변론해 주세요.

이나라 변호사   존경하는 판사님! 그리고 배심원 여러분! 앞서 원고 측 변호인과 원고의 말은 모두 사실입니다. 피고는 자신의 장기 집권을 위해 헌법을 고치고, 법을 어기고, 사람들을 죽였습니다.

이나라 변호사의 발언에 장내는 술렁거렸고 한민주 변호사와 장면도 황당한 표정을 지었다. 하지만 이나라 변호사는 이런 일을 예상했다는 듯 아무렇지 않게 말을 이었다.

이나라 변호사   제가 오늘 이 자리에 선 것은 피고에 대한 원고 측 이야기가 거짓임을 밝히려는 게 아닙니다. 오히려 그 일이 사실임을 강조하기 위해서입니다. 객관적으로 보기에 피고는 범죄자나 저지를 법한 일들을 저질렀습니다. 헌법을 두 번이나 바꾸고 사람들을 감옥에 가두고 죽이기까지 했습니다.

이 재판에서 중요한 것은 피고가 이런 일을 했느냐 하지 않았느냐가 아니라, 피고가 왜 그런 일을 했는가 하는 점입니다. 좀 더 정확히 말하자면, 왜 그런 일을 할 수밖에 없었는가 하는 점에 우리는 주의를 기울여야 합니다.

피고는 국회 의원과 국민들의 손으로 직접 뽑은 우리나라의 정식 대통령이었습니다. 아무리 당시 상황이 민주주의가 자리를 잡기 전이라 하더라도 설마 사람들이 범죄자를 대통령으로 뽑았겠습니까? 아니면, 피고가 법을 바꾸고 사람들을 감옥에 가두거나 죽인 걸 사람들이 몰랐을까요? 그 일들은 이미 언론을 통해 만천하에 알려졌습니다. 그렇다면 국민들은 왜 그런 사실을 알면서도 또다시 이승만을 대통령으로 뽑았을까요?

바로 그 시대가 그런 대통령을 필요로 해서입니다. 예를 들어 제가 길을 가다 생전 처음 보는 사람을 아무 이유도 없이 때리면 그건 명백한 범죄입니다. 하지만 아이가 잘못했을 때 부모가 아이의 잘못을 바로잡기 위해 꾸짖거나 매를 드는 것은 범죄가 아니라 아이의 교육을 위한 부모의 사랑입니다. 같은 행위라고 해도 그것이 언제, 왜 이루어졌느냐에 따라 옳은 일이 되기도 하고 잘못된 일이 되기도 합니다. 피고의 집권 당시 우리나라는 국민의 말을 무조건 수용하는 대통령보다는 국민을 가르치고 지도할 수 있는 대통령이 필요했습니다.

▶이런 시대적 요구 때문에 피고는 카리스마 있는 지도자가 되기 위해 노력했고 그 과정에서 희생자가 생기기도 했습니다. 즉, 국가를 위해 어쩔 수 없는 선택을 한 것이죠. 이를 두고 피고가 개인적 욕심을 위해 잘못된 행동을 한 것처럼 매도해서는 안 됩니다. 독재자라기보다는 오히려 시대적 요구 때문에 때로는 원치 않게 악당의 역할을 할 수밖에 없었다고 해야 옳지 않을까요?

한민주 변호사 　　　말도 안 됩니다. 지금 피고 측 변호인은

교과서에는

▶ 6·25 전쟁을 겪은 뒤 이승만 대통령은 전후 복구와 민심 수습의 일환으로 북진 통일론을 내세우며 강력한 반공 정책을 추진하였습니다.

피고가 행한 반민주적인 일들을 나라를 위한 일이었다고 거짓말하고 있습니다. 변호사가 법정에서 거짓말을 하는 것을 그냥 보고만 있을 수는 없습니다. 지금 당장⋯⋯.

판사 원고 측 변호인! 진정하세요. 피고 측 변호인의 말이 거짓인지 진실인지는 이번 재판을 통해 가려질 것입니다. 자, 이제 피고의 발언을 들어 보겠습니다.

이승만 저는 대한민국의 초대 대통령이자 2대, 3대 대통령이었던 이승만입니다. 1948년 대통령에 당선되기 전에는 우리나라를 위해 독립운동을 했지요. 저의 노력과 능력은 다른 독립운동가들도 인정

대한민국 초대, 2대, 3대 대통령 이승만

하였고, 그 결과 1919년에 세워진 임시 정부의 초대 대통령으로 임명되기도 했습니다. ▶이후에는 미국에 머물면서 미국이 우리나라의 독립을 돕도록 힘을 기울였어요. 저의 그러한 노력이 우리나라의 독립에 힘을 보탰다고 스스로 자부합니다.

　제가 12년 동안 대통령을 하면서 모든 일을 잘한 건 아닐 것입니다. 저도 인간이기에 실수가 있었겠죠. 하지만 제가 했던 모든 활동은 그 당시 우리나라를 위한 일이었지, 결코 저 자신을 위한 것이 아니었습니다. 이 점 하나만 기억해 주십시오.

　이승만이 발언을 마치고 자리에 앉자 방청석이 술렁이기 시작했다. 일부 방청객들은 이승만의 발언에 공감한다는 듯 고개를 끄덕였지만, 일부 사람들은 손가락질까지 하며 폭언을 내뱉었다.

판사　모두들 조용히 해 주십시오. 신성한 법정에서 예의와 질서를 지켜 주시기 바랍니다.

교과서에는

▶ 이승만은 제1차 미소 공동 위원회가 결렬되자 소련 공산주의의 위협을 지적하면서 남한에서만이라도 정부를 수립해야 한다고 주장하였습니다.

　판사의 말에 법정은 다시 조용해졌다.

판사　지금까지 원고 측과 피고 측 주장을 들어 보았습니다. 이제부터 기소 내용과 관련된 구체적인 사건에 대해

알아보겠습니다. 원고 측 변호인! 피고의 죄를 입증할 만
한 증거가 있습니까?

한민주 변호사　　앞서 밝혔듯이, 피고는 장기 집권을 위해
불법적인 방법으로 헌법을 바꾸었습니다. ▶그 첫 번째 개
헌이 발췌 개헌입니다. 발췌 개헌에 대해 자세히 알아보기
위해 증인으로 신익희 씨를 모시고자 합니다.

판사　　증인은 나와서 선서해 주십시오.

　　신익희가 증인석으로 나왔다.

신익희　　저, 신익희는 증인으로서 한 치의 거짓말도 하지 않을 것
을 선서하며, 만약 거짓말을 할 경우 **위증죄**로 처벌받을 것을 약속
합니다.

한민주 변호사　　발췌 개헌 당시 증인은 어떤 일을 하고 있었습니까?

신익희　　발췌 개헌은 1952년 7월에 이루어진 일이었고,
그 당시 저는 국회 회의를 주재하고 진행하는 국회 의장이
었습니다.

한민주 변호사　　국회 의장이었다면 당시 개헌이 어떻게
이루어졌는지 잘 알고 계시겠군요. 당시 상황에 대해 자세
히 설명해 주시겠습니까?

신익희　　1952년은 대한민국 정치 역사에서 중요한 해였
습니다. 제2대 대통령을 뽑는 해였기 때문이죠.

교과서에는

▶ 자유당의 대통령 직선제
안과 민주 국민당의 상하
양원제 및 내각 책임제 안
을 절충하는 개헌안이 바로
발췌 개헌안이죠. 하지만
제3대 국회는 하원만 구성
하고 상원은 유보되었으며,
토론 없이 기립 투표로 통
과된 비정상적인 개헌안입
니다.

모두가 알다시피 대한민국 초대 대통령은 이승만 씨였습니다. 이승만이 대한민국의 초대 대통령으로 당선될 수 있었던 것은 1948년에 치러진 국회 의원 선거 때문이었습니다. ▶우리나라의 첫 선거인 1948년 5월 10일 국회 의원 선거는 남북이 분단된 채 치러진 선거로, 당시 대부분의 독립운동가는 남북한의 분단을 원하지 않는다는 의미에서 선거에 나서지 않았어요. 그 결과 1대 국회 의원에 친일파와 이승만 측근 세력이 대거 당선되었습니다. 그 당시 헌법에는 대통령을 국회 의원들이 뽑는 것으로 되어 있어서, 이승만은 손쉽게 대통령으로 당선되었습니다.

하지만 2대 국회 의원 선거에서는 1대 국회 의원 선거와는 다른 양상이 펼쳐졌습니다. 1대 국회 의원 선거에 나서지 않았던 독립운동가들이 선거에 대거 참여하면서 많은 독립운동가들이 2대 국회 의원으로 당선된 거죠. 이제 2대 국회 의원들이 2대 대통령을 뽑아야 할 텐데, 그 상황이 이승만 대통령에게는 불리한 것으로 인식되었습니다.

한민주 변호사 피고에게 왜 그게 불리한 것이었나요? 앞서 피고는 자신이 독립운동을 하느라 많은 고생을 했고 공도 많이 세웠다고 발언했습니다. 그게 사실이라면 독립운동가들이 국회 의원에 당선된 것은 피고에게 유리한 상황이지 않나요?

신익희 이승만이 독립운동을 했던 것은 사실입니다. 하지만 1922년에 임시 정부에서 쫓겨난 뒤에는 줄곧 미국에 머물면서 외교 활동만 담당했지요. 외교가 필요하지 않았던 건 아니지만, 다른 독립운동가들이 만주, 러시아, 중국 등지에서 쫓겨 다니면서 죽음을 무릅쓰고 벌이던 독립운동과는 차원이 다르죠. 이런 점 때문에 사실 이승만은 독립운동가들 사이에서 지도자로 인정받지 못하고 있었습니다. 하지만 이것보다 그의 입지를 더 좁게 만든 것은, 우리나라의 독립에 대한 그의 생각이었습니다. 우리나라가 일제로부터 독립한 뒤 우리나라의 독립을 두고 여러 이야기들이 많았습니다. 그중에는 남북한 분단 얘기도 있었지만, 당시 대부분의 사람들은 분단은 절대 안 된다며 반대했고 그 의지로 첫 번째 선거에는 참여조차 하지 않았죠. ▶하지만 이승만은 달랐습니다. 남북한이 분단되기 전부터 남한만의 단독 정부 수립이 필요하다고 연설했고, 기다렸다는 듯이 선거에 참여하여 대통령이 되었죠. 그런 생각을 가진 사람이 정말 나라를 걱정하는 사람이라고 할 수 있을까요? 저도 그렇지만 많은 독립운동가들 눈에 이승만은 나라를 위하기보다는 자신이 대통령이 되기 위해 노력하는 사람으로 보였을 것입니다.

이나라 변호사　이의 있습니다. 지금 신익희 씨는 자신의 추측을 마치 사실인 것처럼 이야기하고 있습니다.

판사　인정합니다. 증인은 사실만을 얘기해 주세요.

신익희　알겠습니다. 그런데 독립운동가들이 이승만을 안 좋게 여겼다는 생각은 저만 했던 게 아니었나 봅니다. ▶▶이승만 자신도 독립운동가들이 자신을 2대 대통령으로

교과서에는

▶ 이승만은 1946년 6월 3일 정읍에서, "이제 우리는 무기 휴회된 미소 공동 위원회가 다시 열릴 기색도 보이지 않으며 통일 정부를 고대하나 여의치 않게 되었다. 우리는 남한만이라도 임시 정부 또는 위원회 같은 것을 조직하여 38도선 이북에서 소련이 철퇴하도록 세계 공론에 호소해야 될 것이니, 여러분도 결심해야 할 것이다"라는 내용의 연설을 합니다.

▶▶ 국회의 간접 선거로 다시 대통령이 될 가능성이 희박해진 이승만은, 자유당을 창당하고 깡패를 동원하여 국회를 협박하였습니다. 그리고 갖은 방법을 동원해 직선제 개헌을 추진하였지요.

뽑아 주지 않을 거라고 생각했는지, 대통령을 뽑는 방식을 변경하기 위한 헌법 개정을 시도했습니다. 바로 대통령 직선제 개헌이었죠.

한민주 변호사　대통령 직선제라면 대통령을 국민이 직접 뽑는 방식을 말하는 건데, 국회 의원들이 뽑는 선거에서 당선될 가능성이 적은 피고가 국민들이 직접 뽑는 선거에서는 뽑힐 가능성이 있었다는 건가요?

신익희　당시 우리나라 국민 대다수가 선거가 무엇인지, 민주주의가 무엇인지 개념조차 제대로 모르던 터였고, 선거할 때 유명인을 뽑거나 선물을 주는 후보자를 뽑는 것을 당연하게 여기는 이들도 상당히 많았습니다. 특히 농촌의 나이 드신 분들에게는 미국에서 박사 학위를 받은 이승만 대통령이 최고의 유명인이었고 다른 후보자는 눈에 들어오지 않았습니다. 당시 이승만을 누를 수 있는 유명인으로는 임시 정부를 이끌었던 김구 선생님을 꼽을 수 있겠지만, 그분은 1949년에 암살당하고 말았죠. 그런 상황에서 자신에 대해 부정적인 국회 의원들보다는 선물로 마음을 살 수 있고 자신의 말을 믿어 주는 순진한 국민들이 이승만의 입장에서는 더 믿을 만했던 겁니다.

한민주 변호사　하지만 헌법을 바꾸려면 국회 의원들의 동의가 있어야 하고, 피고가 헌법을 바꾸려는 의도를 당시 국회 의원들이 모르지 않았다면 헌법을 바꾸는 게 쉽지 않았을 텐데요.

신익희　원래 제2대 대통령 선거는 1952년 6월로 예정되어 있었고, 그 선거를 직선제로 바꾸려는 개헌안을 이승만이 국회에 제출한 것은 1951년 11월이었습니다. 하지만 그 직선제 개헌안은 찬성 14표,

반대 143표의 압도적인 차이로 부결되었죠. 민주주의 사회에서 국회법상 한번 부결된 안건은 같은 회기 내에 다시 투표할 수가 없습니다. 하지만 이승만은 맘이 급했어요. 그도 그럴 것이, 선거가 반년밖에 안 남은 상황에서 개헌을 하지 못한다면 대통령에 당선될 가능성이 없다는 걸 알고 있었기 때문입니다. 이에 이승만은 다른 방법을 모색하기 시작했습니다. 일단 외부 세력을 동원해서 대통령 직선제 부결 반대 민중 운동을 벌이게 합니다.

그냥 내용만 보기에 대통령 직선제는 전혀 나쁜 것이 아니죠. 하지만 당시 대통령 직선제는 이승만이 다시 대통령에 당선되기 위해 이용해야 할 제도였다는 게 문제였습니다. 이런 사실을 잘 모르는 국민들은 대통령 직선제를 하자는 이승만의 주장을 좋게 받아들였고, 이승만은 직선제를 국민들이 원하는 것처럼 꾸민 것이죠.

민중 운동을 통해 국민들이 직선제를 원하는 것처럼 국회에 압력을 넣은 이승만은, 당시 국무총리였던 장면을 해임하고 장택상을 새로운 국무총리로 임명했습니다. 야당의 구심점이었던 장면을 해임함으로써 국회를 장악하려고 한 것이었죠. 이렇게 개헌 분위기를 만든 뒤 민족 자결단과 백골단 등을 동원하여 부산에서 국회 의원 소환과 국회 해산 등을 외치며 시위하게 했습니다. 이 사건을 부산 정치 파동이라고 하는데, 그 와중에 당시 국회 의장이었던 저희 집이 포위되기도 했죠.

부결
의논한 안건을 받아들이지 아니하기로 결정함, 또는 그런 결정을 말합니다.

민중 운동
민중이 일정한 목적을 이루기 위하여 하는 갖가지 운동을 가리킵니다.

해임
어떤 지위나 맡은 임무를 그만두게 하는 것입니다.

백골단
시위를 진압하는 사복 경찰을 속되게 이르는 말입니다.

계엄령

군사적 필요나 사회의 안녕과 질서 유지를 위하여 일정한 지역의 행정권과 사법권의 전부 또는 일부를 군이 맡아 다스리는 일을 '계엄'이라고 하고, 대통령이 계엄의 실시를 선포하는 명령을 '계엄령'이라고 합니다.

한민주 변호사   그런 분위기라면 많은 국회 의원들이 신변의 위험을 느꼈겠군요.

신익희   그랬죠. 게다가 정부에서 계엄령이 선포되고, 국회 결의로 석방되었던 의원이 정부에 의해 구속되는 일까지 벌어지자, 많은 국회 의원들은 몸을 사리고 조심하기 시작했습니다. 그 와중에 50여 명의 국회 의원이 탄 통근 버스가 헌병대에 의해 강제 연행되고 국회 의원 10명이 공산당 관련 혐의로 체포되자, 분위기는 걷잡을 수 없이 험악해져 갔습니다. 그러자 정부는 이미 부결된 대통령 직선제를 다시 국회에 개헌안으로 내놓았고, 1952년 7월 4일 경찰과 폭력 조직이 지켜보는 가운데 국회에서는 기립 투표로 개헌안을 의결하여 찬성 163표, 기권 3표로 통과시켰습니다.

한민주 변호사　　기립 투표라면 찬성하는 사람이 자리에서 일어나는 것으로 투표를 했다는 말입니까? 그럼 누가 반대를 하는지 한눈에 알아볼 수 있는 것 아닙니까?

신익희　　그렇습니다. 정부가 노린 게 바로 그 점이었죠. 기립 투표는 공개 투표이니 반대를 하는 의원들도 반대표를 던질 수가 없었습니다. 만약 그랬다가는 곧바로 끌려갈 게 뻔한 상황이었으니까요.

한민주 변호사　　그렇다면 강제로 찬성표를 찍도록 한 건데, 그건 불법 투표 아닌가요?

신익희　　물론 불법이죠. 불법으로 대통령 직선제를 통과시킨 이승만은 곧바로 대통령 선거를 치를 준비를 하였습니다. 7월 26일까지 후보 등록을 하고 8월 5일에 투표하게 하여 선거 운동 기간을 10일밖에 주지 않았는데, 이는 인지도가 높은 자신이 당선되기 위한 술책이었지요. 선거에는 야당에서 이시영, 무소속의 조봉암 등이 나왔지만, 워낙 알려져 있던 이승만이 대통령에 당선되었습니다.

한민주 변호사　　증언해 주셔서 감사합니다.

　이상의 증언에서도 확인되었듯이, 당시 개헌은 피고의 집권을 위해 계획적이고 불법적으로 이루어졌습니다. 한 나라의 대통령이 자신의 집권을 위해 4년밖에 안 된 헌법을, 그것도 자신의 사조직을 이

국무총리

대통령을 보좌하고 대통령의 명을 받아 행정 각 부를 거느리고 관할하는 기관, 또는 그 직무를 맡은 별정직 공무원입니다.

용해 불법적으로 바꾼다는 것은 있을 수 없는 일입니다. 정치는 국민을 위한 것임에도 불구하고 피고는 국회를 자신의 사조직처럼 움직이려 했고, 폭력을 동원해 자신에게 유리하도록 법을 바꾸었습니다. 이는 민주주의 국가의 대통령으로서는 도저히 할 수 없는 행동이지요.

판사 지금까지 원고 측 증인의 이야기를 들었습니다. 이제 발췌 개헌에 대한 피고 측 증인의 이야기를 들어 보겠습니다.

이나라 변호사 개헌 당시 국무총리였던 장택상 씨를 증인으로 신청하겠습니다.

판사 증인은 나와서 선서해 주십시오.

장택상 저는 이 재판의 증인으로서 진실만을 이야기하겠으며, 만약 증언이 사실이 아닐 경우 위증죄로 처벌받겠습니다.

이나라 변호사 증인은 개헌 당시 국무총리로서 원고 측 증인인 신익희 씨의 증언에 대해 어떻게 생각하십니까?

장택상 객관적인 사실들은 맞지만 그 해석에선 잘못된 부분이 많습니다.

이나라 변호사 이해가 잘 안 가는데요, 개헌 당시 상황을 자세히 말씀해 주시겠습니까?

장택상 개헌 당시 불법적인 부분이 있었던 건 사실입니다. 하지만 대통령 직선제 개헌은 당시 국민들이 원하는 것이었습니다. 대통령을 국민들이 직접 뽑는 것보다 더 민주적인 방법이 어디 있겠습니까? 그런데도 당시 국회 의원들은 대통령 직선제에 대해 반대했습니다. 이유가 뭐겠습니까? 자신들의 입맛에 맞는 대통령을 뽑아서 정부를 자기들 마음대로 뒤흔들겠다는 거 아닙니까? 이런 국회 의원들의 욕심 때문에 부결된 게 대통령 직선제 개헌이었습니다. 이에 대해 국민들이 반대한 것은 당연한 일 아닐까요? 즉, 당시 국민들은 대통령 직선제를 원하고 있었고, 이런 국민들의 요구를 들어주기 위해 정부는 다시 한번 대통령 직선제 개헌안을 국회에 제출하였습니다. 그 과정에서 약간의 불법은 있었습니다. 하지만 정치가 뭡니까? 국민을 대신해서 국가 행정을 책임지는 것 아닙니까? 국민의 요구를 들어주는 것보다 더 옳은 정치가 있을까요? 그런 큰 뜻은 생각하지 않고 무조건 과정상의 문제만 지적하면서 불법적 개헌이었다고 강조하는 건 옳지 않다고 생각합니다.

이나라 변호사　당시 통과된 개헌안에는 대통령 직선제만 있었던 게 아닌 걸로 알고 있는데요, 개헌안의 내용을 자세히 말씀해 주시겠습니까?

장택상　개헌안에서는 국무 위원을 국무총리의 제청에 의해 대통령이 임명하도록 함으로써 국무총리의 힘을 강화시켰는데, 이 내용은 원래 야당이 원했던 개헌안이었습니다. 즉, 개헌 당시 정부의 요구만 포함시킨 게 아니라 야당과 국회 의원들의 요구도 함께 제시했어요. 양측의 의견을 일부분씩 뽑아서 개헌했다고 해서 이 개헌을 '발췌 개헌'이라고 하지요. 그런데도 사람들은 마치 이 개헌이 이승만 대통령의 입장만 반영한 것처럼 얘기하고 있으니 안타까울

국무 위원
국무 회의를 구성하는 공무원으로 국정에 관하여 대통령을 보좌하고 국정을 심의하는 일을 합니다.

뿐입니다.

이나라 변호사 　원고 측에서는 피고가 집권하려고 헌법을 바꾸었기 때문에 대통령에 당선되었다고 하는데, 이에 대한 증인의 의견은 어떻습니까?

장택상 　당시는 6·25 전쟁 기간이었고 우리나라는 예나 지금이나 공산주의의 침략 위험에 놓여 있습니다. 그런 상황에서 가장 중요한 것은 공산주의의 침략을 막아 낼 수 있는 강력한 정부를 만드는 것입니다. 그 당시 이런 위기 상황에 가장 잘 대처할 수 있는 사람은 이승만 대통령이었습니다. 공산주의를 잘 알고 미국의 도움을 받을 수 있다는 점에서 이승만 대통령을 대신할 사람은 없었죠. 다시 말해, 대통령을 누가 뽑는가와 무관하게 당시 우리나라에서는 이승만 대통령을 필요로 했고, 그 사실은 국민들이 제일 잘 알고 있었습니다. 그렇기에 대통령으로 뽑은 것 아니겠습니까? 당시 이승만 대통령은 70%가 넘는 지지율로 당선되었는데, 이는 이승만 대통령을 대신할 사람이 없어서 아닐까요?

이나라 변호사   잘 알겠습니다. 이상과 같이 발췌 개헌은 당시 우리나라 정치를 위해 꼭 필요한 개헌이었음을 알 수 있습니다. 전쟁과 공산주의의 위협 속에서 국민들의 안전을 지키는 것은 정치인의 최대 과제입니다. 그 과제를 가장 잘 수행할 수 있는 피고가 대통령직을 유지해야만 했기에 피고는 개헌을 단행했던 것입니다. 물론 그 과정에 불법적인 일이 있었음은 인정합니다. 하지만 결과적으로 개헌은 우리나라 정치 발전을 위해 꼭 필요한 일이었습니다.

한민주 변호사   판사님! 증인에게 몇 가지 질문을 해도 되겠습니까?

판사   네, 질문하십시오.

한민주 변호사   감사합니다. 증인께선 발췌 개헌에 국회의 권한을 강화하는 내용이 들어가 있다고 하셨는데요, 그렇다면 개헌 결과 국회의 힘이 정말로 강화되었습니까?

장택상   문서상으로는 강화되었지만 실제로는 그렇지 못했습니다.

한민주 변호사   이유가 뭐였죠?

장택상   당시 국회의 권한이 강화되는 요건으로 국회 의원을 민의

민의원
양원제 국회에서 참의원과 함께 국회를 구성하는 의원으로 미국의 하원에 해당합니다.

참의원
양원제 국회에서 민의원과 함께 국회를 구성하는 의원으로 미국의 상원에 해당합니다.

원, ▶참의원으로 나누고 참의원을 새로 뽑기로 한 건데 실제로는 참의원 선거가 이루어지지 않았습니다. 또한 국무위원을 국무총리의 선임에 의해 뽑는 제도 또한 2년 뒤에 없어졌기 때문에 국회의 권한이 강화되는 데에는 한계가 있었어요.

한민주 변호사   그렇다면 실제로 발췌 개헌을 통해 이득을 본 사람은 피고라고 할 수 있겠군요.

이나라 변호사   그렇게 단순하게 결론 내리면 곤란하죠. 당시 대통령 직선제 개헌은 국민의 요구였다는 점을 잊어서는 안 될 것입니다.

한민주 변호사   직선제가 국민의 요구였다고요? 당시 부산 정치 파동이 피고가 사조직을 풀어서 꾸민 일이라는 건 이미 알려진 사실입니다.

판사   원고 측과 피고 측 변호인은 감정을 자제해 주세요. 더 질문할 것이 없으면 증인은 돌아가셔도 좋습니다.

교과서에는

▶ 제3대 국회는 하원만 구성하고 상원은 유보되었습니다.

2

사사오입 개헌은
어떻게 이루어졌나?

한민주 변호사　죄송합니다. 하지만 피고가 불법으로 개헌을 했다
는 점을 꼭 기억해 주십시오. 피고가 자기 욕심 때문에 불법을 저지
르고 법을 마음대로 바꾼 사례는 발췌 개헌 말고도 또 있습니다. 이
에 대한 증언을 듣기 위해 조병옥 씨를 증인으로 신청합니다.

판사　좋습니다. 조병옥 씨는 증인석으로 나와 주십시오.

갑자기 방청석이 술렁였다. ▶그도 그럴 것이, '조병옥'이
라면 야당 대표로 대선에 나와 당선이 유력시되다가, 선거
한 달 전에 갑자기 죽는 바람에 많은 국민을 슬픔에 빠지
게 했던 인물이기 때문이다. 방청객들은 너 나 할 것 없이
목을 길게 빼고 조병옥을 기다렸다. 이윽고 조병옥이 증인

교과서에는

▶ 제4대 대통령 선거에서
야당 후보 조병옥의 사망으
로 단독 후보가 된 이승만의
당선이 확실했습니다.

석에 나와 섰다.

조병옥　저는 신성한 재판의 증인으로서 진실만을 말할 것을 선서합니다.

한민주 변호사　간단히 자기소개를 해 주시겠습니까?

조병옥　저는 1948년 대한민국 정부 수립 때부터 정치인으로 활동하여 대통령 특사, 유엔 한국 대표를 지냈고, 1950년 6·25 전쟁 때는 내무 장관으로 정치에 참여하였습니다. 이후 이승만 대통령에 맞서 반독재 운동을 펼쳤고, 1956년에는 야당인 민주당 대표 최고 위원으로 당선되었습니다. 민주당 공천으로 1960년 대통령 선거에 출마해 당선 확률이 아주 높았는데, 선거 한 달 전에 병으로 죽는 바람에 뜻을 이루지 못했지요.

한민주 변호사　▶이승만 정권의 불법 행위를 자세히 말씀해 주시겠습니까?

조병옥　이승만 정권이 정권 유지를 위해 불법을 저지른 경우는 수도 없이 많지만, 가장 절정이 사사오입 개헌이라고 생각합니다. 초대 대통령을 지낸 이승만 씨는 발췌 개헌을 통해 2대 대통령이 되는 데 성공합니다. 하지만 당시 헌법에 따르면 대통령은 두 번까지 할 수 있었기 때문에 이승만 대통령은 더 이상 선거에 나올 수 없었어요.

하지만 이승만 대통령은 또다시 대통령이 되기 위해 이번에도 법을 바꾸려고 했어요. 헌법을 바꾸려면 재적 국회 의원 3분의 2의 찬성이 필요했기에 되도록 많은 자유당 의원을 국회에 진출시킬 계획을 세우지요. 이를 위해 대대적인 부정 선거로 자신의 지지자들을 국회 의원으로 당선시킨 이승만 대통령은, 바로 개헌을 추진했습니다. 내용은, 대통령을 두 번까지만 할 수 있다는 제한을 초대 대통령에 한해서 없앤다는 것이었어요.

한민주 변호사 국회에 자유당 의원이 대거 포진했으니 피고의 뜻대로 개헌은 쉽게 이루어졌겠군요.

조병옥 그렇게 생각하는 사람이 많았습니다. 하지만 그 과정은 생각만큼 쉽지 않았습니다. 자유당 의원 중에서도 이승만 대통령이 또 대통령이 되기 위해 개헌하는 것은 잘못이라고 생각하는 사람이 있었기 때문이죠. 당시 국회 의원은 총 203명이었고, 203의 3분의 2는 숫자상으로 135.33…입니다. 즉 135.33…명 이상이 찬성해야 개헌이 통과된다는 건데, 사람은 0.33…명이 없기 때문에 136명이 찬성해야 개헌이 통과될 수 있었어요. 그런데 찬반 투표 결과 203명의 의원 중 135명이 찬성표를 던진 겁니다.

한민주 변호사 그럼…… 한 명 차이로 법이 바뀌지 못했군요? 피고로선 무척 안타까웠겠네요.

조병옥 맞습니다. 개헌은 통과되지 않았고, 국회에서도 부결 선언을 하고 의회를 끝냈습니다. 하지만 이승만 대통령은 포기하지 않았습니다. 이미 부결된 안건임에도 불구하고 무조건 통과시키라고 지시했죠. 이에 자유당 의원들은 개헌을 통과시킬 수 있는 방법을 고민하다가 새로운 생각을 해냈습니다. 135.33…을 반올림하면 136이 아닌 135이기 때문에, 135명이 찬성한 개헌안은 통과됐다는 것이었죠. 숫자만 봤을 때 135.33…은 135에 가까운 게 맞습니다. 하지만 당시 개헌은 135.33…명 이상이 찬성해야 통과되기 때문에 135명이 아니라 136명이 찬성해야 맞는 것이죠. 그걸 알기에 부결 선언을 했던 것이고요. 그런데 자유당 의원들은 개헌이 부결된 다음 날, 135명은 3분의 2가 되기 때문에 안건이 통과된 것이라며 개헌이 되었음을 선언하였습니다.

한민주 변호사　　그게 가능한 일인가요? 정말 이해가 안 되네요. 135명이라면 분명 203명의 3분의 2가 안 되잖아요. 그런데도 통과라니……. 이에 대해 다른 사람들의 의견은 어땠습니까?

조병옥　　사사오입 개헌에 대해 저희는 법률 전문가에게 자문을 청했고, 당시 대법원장 김병로나 헌법학자 유진오 등은 개헌은 부결된 것이 명백하다는 입장을 밝혔어요. 물론 135.33…을 반올림하면 135이지만, 개헌에서 중요한 건 숫자가 아니라 사람의 수인데, 사람수를 반올림하는 경우가 어디 있습니까? 그리고 만약 그 숫자가 틀렸다고 해도 이미 국회법에는 개헌에 필요한 인원수를 136명으로 명시해 놓고 있었고, 개헌 표결 당일에 개헌안이 부결되었다고 선언까지 했잖습니까? 그런 상황에서 그 선언을 바꾼다는 것 자체가 불법이라고 법률학자들은 확인해 주었지요. 그럼에도 불구하고 이승만 대통령과 자유당은 개헌안이 통과됐다고 생떼를 쓴 겁니다. 이에 대해 야당은 몸으로 맞서며 개헌 선언을 막으려 했지만, 자유당의 불법을 막을 수 없었습니다. 이 개헌은 반올림이라는 이상한 원칙을

사사오입, 즉 4 이하는 버리고 5 이상은 들어간다 (올린다)는 뜻입니다.

소숫점 이하의 숫자는 1인이 되지 못하여 인격으로 취급할 수 없으므로, 사사오입하면 135명이 된다는 기상천외한 논리였죠.

사사오입 개헌은 불법이오!

0.33명은 말도 안 되는 소리니 135명이면 3분의 2가 되는 것이오.

내세워 개헌했다는 뜻에서, 반올림의 한자식 표현을 사용해 '사사오입(四捨五入) 개헌'이라고 합니다. 전 세계에 유례가 없는 부끄러운 개헌이 된 거죠.

한민주 변호사 정말 안타깝고도 부끄러운 일이네요. 증인으로서도 떠올리기 싫은 기억이었을 텐데 끝까지 증언해 주셔서 감사합니다.

판사 피고 측에서는 이에 대해 증인 신문 하시겠습니까?

이나라 변호사 네! 당시 사사오입 개헌의 성명서를 낸 갈홍기 의원

사사오입
4 이하는 버리고 5 이상은 올린다는 뜻입니다.

을 증인으로 모시겠습니다.

판사　　증인은 증인석으로 나와 주십시오.

　　　"갈홍기가 누구지?"

　　　"친일파이면서 정치권에서 세력을 행사했던 사람이잖아."

방청석이 술렁거리는 가운데, 갈홍기가 증인석에 올랐다.

갈홍기　　신성한 재판의 증인으로서 진실만을 말할 것을 맹세합니다.

이나라 변호사　　자기소개를 부탁드립니다.

갈홍기　　저는 사사오입 개헌 당시 **공보처장**으로서, 개헌에 대한 표결이 있은 후 국회 의원 135명의 찬성으로 개헌이 통과되었음을 발표했어요. 이때 한 발표를 두고 당시에도 지금도 많은 얘기가 있는 것 같군요. 하지만 당시 저의 발표는 한 치 의심 없이 타당한 일이었어요. 저는 당시 서울대학교 수학 교수인 최윤식 교수 등의 검증을 통해 국회 의원 203명의 3분의 2는 135명이라는 사실을 확인받았습니다. 우리나라 최고 전문가에게 확인받은 사실을 두고 왜 그토록 말이 많은지 모르겠군요. 아무튼 저의 당시 개헌 통과 발표는 전혀 잘못된 것이 아니었습니다.

이나라 변호사　　증인의 말을 들어 보니 개헌 확정 발표는 증인 개인이나 정부만의 입장이 아니라 전문가의 검증을 거친 것이었군요.

갈홍기　　그렇습니다. 원고 측은 이승만 대통령과 자유당을 동네 건달패처럼 표현하지만, 이승만 정권은 분명 대한민국을 대표하는 합법적인 정부였습니다. 국민의 지지를 받아 탄생한 정권에서 확인 과정도 없이 헌법이 바뀌었다고 발표하겠습니까? 이승만 정권은 그렇게 비상식적인 정권이 아닙니다.

이나라 변호사 　　잘 들었습니다. 이상으로 증인 신문을 마치겠습니다.

3

진보당 사건과 조봉암 처형의
진짜 의도는 무엇일까?

한민주 변호사　피고 측은 변명을 늘어놓지만, 사사오입 개헌이 불법인 건 법학 박사들을 통해 확인된 명백한 사실입니다. 게다가 이승만 정권의 불법은 이것으로 끝나지 않았습니다. 정권 유지를 위해 무고한 사람을 죽이기까지 했죠. ▶이를 밝히기 위해 조봉암 씨를 증인으로 신청합니다.

판사　증인은 나와 주십시오.

조봉암　저는 신성한 재판에서 진실만을 말할 것을 맹세합니다.

한민주 변호사　증인은 피고와 어떤 사이인가요?

조봉암　저는 이승만 대통령과 대선에서 두 번 맞대결하였습니다. 첫 번째는 1952년 선거로, 발췌 개헌 후 대통령

교과서에는

▶ 제3대 정부통령 선거에서 이승만은 진보 성향의 조봉암 후보의 돌풍으로 힘들게 대통령에 당선됩니다.

을 국민 투표로 뽑게 되었을 때죠. 그 당시 저는 인지도가
낮아 11.4%밖에 득표하지 못했지만, 그때부터 제 인지도
가 높아졌고 정치 활동도 활발해졌습니다.

　다음 대선인 1956년 선거에서도 저는 이승만 대통령과
정면 대결했습니다. 당시 민주당 후보였던 신익희 씨가 갑자기 죽는
바람에 이승만 대통령에 맞설 후보는 저밖에 없었죠. 이승만 대통령
은 대대적인 부정 선거를 자행했고, 그 결과 52% 득표율로 대통령에
당선되었습니다. 하지만 저도 그 절반에 가까운 득표율을 올리며 선

인지도
어떤 사람이나 물건을 알아보는
정도를 말합니다.

전했고, 다음 선거에서 이승만 대통령을 누를 수 있는 필승의 카드로 인식되기 시작했습니다.

한민주 변호사　부정 선거를 하고도 절반 정도의 득표밖에 못했고 증인이 높은 득표율을 올렸으니, 피고가 무척 긴장했겠는걸요?

조봉암　아마 그랬을 겁니다. 게다가 그 선거에서 이 재판의 원고인 민주당의 장면 씨가 부통령으로 당선되었어요. 이승만 대통령의 득표율은 낮아지고, 부통령은 야당에서 당선되고, 다음 선거의 전망마저 어두웠으니, 대통령직에 사활을 거는 이승만 대통령과 자유당 입장에서는 절체절명의 위기로 인식됐을 겁니다.

한민주 변호사　피고의 행동 패턴으로 보건대 위기가 올 때마다 미리 그 위기의 원인을 제거해서 다음 선거를 유리하게 만들던데…… 증인에 대해서는 어떤 조치를 취하던가요?

조봉암　조치…… 그것도 조치라면 조치일 수 있겠죠. 이승만 대통령은 제가 굉장히 두려웠던 모양입니다. 제가 살아 있는 한 다음 선거에서 이길 수 없다고 판단했는지, 저를 죽였으니까요.

　　놀람과 탄식 소리로 법정이 크게 술렁거렸다.

한민주 변호사　피고가 증인을 죽인 사건에 대해 설명해 주시겠습니까?

조봉암　저는 당시 진보당을 이끌고 있었고, 우리 당은 민주당보다는 인지도가 낮았지만 제2야당으로서 이승만 대통령과 자유당 정권을 위협하고 있었습니다. 게다가 3대 대통령 선거에서 제가 생각보다 높은 득표율을 올리며 선전하자, 4대 대통령 선거에서 제가 야당 단일 후보로 나올 경우 이승만의 집권을 막을 수 있을 거란 추측이 나오고 있었죠. 이에 이승만 대통령은 저도 잡고 우리 당도 없애고자 간첩 사건을 조작하였습니다. 당시에는 북한의 위협을 지금보다 훨씬 강하게 느꼈기에, 간첩이라는 말에 대한 사람들의 반응 또한 매우 민감했지요. ▶이런 시대 분위기를 이용해 이승만 대통령은 저를 간첩으로 만들었습니다.

한민주 변호사　증인은 북한에서 보낸 간첩이었습니까?

조봉암　물론 아닙니다.

한민주 변호사　간첩이 아닌 사람을 어떻게 간첩으로 만들 수가 있죠?

조봉암　증인과 증거만 있으면 가능했고, 증거도 편지 한 통이면 되었지요. 증인이 될 사람에게 사주하여 편지를 쓰게 하고, 그 편지 내용에 간첩임을 드러낼 수 있는 내용을 첨가한 후, 그 증인이 편지를 제게 주었다고 말하면 모든 준비는 끝납니다. 저는 그 편지를 받은 적도 없고 내용도 모르지만, 증인이란 사람이 제게 편지를 주었다고 하고 제가 다른 간첩을 만나는 것을 봤다고 말하면 제가 하는 말은 모두 거짓말이 되는 거죠.

한민주 변호사　그렇게 어설픈 증인과 증거를 재판에서 믿어 준다는 건가요?

조봉암　증인과 증거는 처음부터 조작된 티가 났고 제

교과서에는

▶ 평화 통일론을 내세우며 진보당을 세운 조봉암은 간첩이라는 혐의를 받고 처형당하지요.

가 간첩이라는 확실한 증거는 없었습니다. 그래서 저에 대한 첫 번째 재판에서 저는 징역 5년 형을 받았고 저희 당 다른 의원들은 모두 무죄를 선고받았습니다. 하지만 재판 결과가 나오자 일부 반공 단체 사람들이 법정으로 모여들어 판결을 내린 유병진 판사를 친공 판사로 몰아 처벌하라고 난동을 피웠죠. 이 일로 인해 사법부는 제 사건에 대한 판결을 내리는 데 엄청난 부담을 갖게 되었습니다.

저를 간첩으로 몰았던 증인 양이섭은 두 번째 재판에서, 자신이 지금까지 했던 진술은 모두 저를 간첩으로 몰기 위한 거짓 증언으로 육군 특수 부대의 협박 때문이었다고 얘기했습니다. 양이섭 스스로 자신의 증언이 거짓말인 걸 자백한 거죠. 하지만 재판에서는 양이섭의 의견을 받아들이지 않았고 다른 조사도 일절 하지 않았습니다. 그리고 마지막 대법원 재판에서 저는 사형을 선고받아 1959년에 처형되었습니다.

한민주 변호사 　증인이 증언을 번복했고 증거도 확실치 않은데 사형을 했다는 겁니까?

조봉암 　당시 저에 대한 재판은 저를 제거하기 위한 절차에 불과했을 뿐이지 진실을 알기 위한 재판은 아니었습니다. 즉, 이승만 정권은 자신에게 위협이 되는 저를 없애는 게 목적이었기에, 그 과정이나 절차, 합법성 여부는 아무 상관이 없었던 것이죠.

한민주 변호사 　정말 억울한 죽음을 당하셨네요.

조봉암 　물론 저의 억울함은 말로 표현할 수 없을 정도입니다. 하지만 저의 죽음보다 더 안타까운 것은, 저에 대한 재판으로 인해 우

리나라 정치에서 이승만 대통령에 대한 반격이 위축됐다는 점입니다. 저는 비록 당선되지는 못했지만 제3대 대통령 선거에서 선전했고, 저의 득표율을 보면서 많은 정치인들은 이승만 정권의 독재를 막을 수 있는 분위기가 형성되었다고 판단하고 기뻐했습니다. 게다가 그 선거에서 부통령으로 원고인 장면 씨가 선출되었기에 희망은 더 커졌죠. 하지만 제가 간첩으로 몰리고 사형을 당하자, 이승만 대통령에게 반기를 들었던 많은 정치인과 국민들은 기가 꺾이고 말았습니다.

사실 이승만 측은 이 점을 노린 건지도 모릅니다. 저 하나를 죽이기 위해서라기보다는, 정치의 분위기를 바꾸고 이승만 대통령에게 반대하는 사람들에게 본때를 보여 주기 위해 저를 희생양으로 삼았다고 해야겠죠.

한민주 변호사　마지막으로 한 가지만 더 묻겠습니다. 증인이 죽음을 무릅쓰면서까지 이승만 정권에 반기를 들었던 이유는 뭔가요?

조봉암　당시 저를 포함한 대부분의 사람들은 민주주의가 무엇인지, 국민을 위한 정치가 무엇인지 배우지 못했습니다. 하지만 정치라는 것이 한 사람, 혹은 소수의 이익을 위해 움직여서는 안 된다는 건 안 배워도 알 수 있었습니다. 어떤 정책이 이론상 아무리 필요하다고 해도 그 정책으로 인해 많은 사람들이 손해를 보고 불편을 겪는다면 그것은 옳지 못한 것입니다. 그런데 이승만 정권의 정책은 바로 그런 것이었습니다.

일본의 식민 지배에서 벗어난 지 얼마 안 되었기에 대부분의 국민들은 힘든 생활을 하고 있었고 남북한이 분단되어 있는 상황이기에 그로 인한 불안감도 컸습니다. 그런데도 이승만 대통령과 측근들은 자신들의 배를 불리고 자신들의 정권을 유지하기 위한 노력 외에는 그 어떤 것도 하지 않았습니다. 즉, 그들은 자신들과 자신의 가족을 위한 정치를 했지, 국민을 위한 정치를 하지 않았어요.

저는 그들의 행태를 더 이상 두고 볼 수 없었습니다. 제 목숨 하나를 살리기 위해 그들 앞에 굴복하는 건 살아 있어도 살아 있는 게 아닙니다. 위험하더라도 그들에 맞서 당당히 대항하는 게 절 의미 있게 만드는 일이었습니다.

한민주 변호사　좋은 증언 감사합니다. 이상으로 증인 신문을 마치겠습니다.

이나라 변호사　당시 상황에 대한 판단은 사람마다 다를 수 있습니다. 하지만 확실한 것은, 그 당시 6·25 전쟁이 끝난 지 몇 년 지나지 않아 그 어느 때보다 안보상 위험한 시기였다는 점입니다. 그런 상황에서 간첩과 북한에 대한 경계를 게을리할 수는 없었지요. 물론 증인이 간첩으로 몰려 사형당하게 된 것은 매우 안타까운 일입니다. 하지만 시대 상황을 고려했을 때 간첩과 북한의 위협에 민감하게 반응했던 것은 피할 수 없는 일이었고, 그 과정에서 증인과 같은 피해자가 나오게 된 것입니다. 이를 무조건 피고의 권력욕으로 몰아가는 건 옳지 못하다고 생각합니다.

한민주 변호사　물론 시대적 특수성을 고려하지 않으면 안 되겠죠. 하지만 시대 상황이나 국가의 위험을 고려하는 가장 큰 이유는 바로 국민의 안전입니다. 이승만 정권의 가장 큰 문제는 국민의 안전을 지킨다는 명목하에 무고한 국민에게 피해를 줬다는 점입니다. 그것도 자신이 정권을 유지하기 위해서 말이죠. 정치를 함에 있어 그 어떤 것도 국민의 주권에 우선할 수는 없습니다. 자신만이 나라를 지킬 수 있다는 오만함에 빠져 국민을 속이고 권력을 남용한 이승만 정권이 어떻게 당당할 수 있는지 이해할 수가 없군요.

판사　원고 측과 피고 측 변호인, 모두 진정하십시오.

한민주 변호사와 이나라 변호사는 판사의 제지에 따라 자리에 앉

안보
외부의 위협이나 침략으로부터 국가와 국민의 안전을 지키는 일 즉 '안전 보장'을 줄여 부르는 말입니다.

았지만, 서로 감정이 상한 상태였다. 두 변호사의 심상치 않은 분위기를 보고 관중들도 한마디씩 했다.

"첫날부터 두 변호사의 신경전이 대단한데요."

"원래 둘 사이가 안 좋다는 소문이 있어요."

판사   오늘 예정되었던 증인 신문이 모두 끝났습니다. 마지막으로 원고 측과 피고 측 변호인의 변론이 있겠습니다. 먼저 원고 측 변호인, 말씀해 주세요.

한민주 변호사   오늘 우리는 이승만 정권이 어떻게 12년 동안 정권을 유지했는지 살펴보았습니다.

피고는 대한민국의 초대, 2대, 3대 대통령을 연이어 역임했지만 그 과정은 살얼음을 딛는 것과 같았습니다. 첫 선거에선 독립운동가들의 선거 불참으로 운 좋게 대통령이 되었지만, 독립운동가들이 2대 국회 의원에 대거 당선되면서 피고의 임기도 끝이 나야 옳았습니다. 하지만 권력욕에 눈이 먼 피고는 국회 의원들을 위협하고 불법을 저질러 가며 발췌 개헌을 통과시켜 자신의 임기를 4년 더 연장하였습니다.

게다가 피고의 욕심은 여기서 끝나지 않았습니다. 두 번만 대통령을 할 수 있다는 법을 바꾸어 영원히 대통령을 하고자 했죠. 그 결과 사사오입 개헌이라는 세계 역사상 유례를 찾아볼 수 없는 코미디 같은 개헌이 이루어졌습니다. 그리고 피고는 자신의 권력을 4년 더 연장할 수 있었습니다. 하지만 그것으로도 부족하여, 피고는 자신의 권력에 위협이 되는 요소들을 미리 제거하여 다음 선거에서도 대통령에 당선되고자 했습니다. 그 끝없는 욕심이 부른 사건이 조봉암을 처형했던 진보당 사건입니다.

이런 불법과 속임수를 자행한 이승만 정권은 국가 권력으로서 자격이 없습니다. 오늘 재판을 통해 이 점을 꼭 기억해 주시기를 부탁드립니다.

한민주 변호사의 발언에 관객석 한쪽에서 박수가 터져 나왔다. 한민주 변호사는 결연한 표정으로 이나라 변호사를 슬쩍 보고는 자리에 앉았다.

판사 피고 측 변호인, 변론하세요.

이나라 변호사 정치인에게 있어 권력욕은 어쩌면 당연한 덕목 중 하나입니다. 즉, 권력욕이 있다는 것이 정치인에게는 흠이 아니란 거죠. 중요한 것은 그 권력욕이 누구를 위한 것이냐는 점입니다. 어떤 사람들은 피고가 자신의 욕심 때문에 권력을 연장하려고 애썼다고 이야기합니다. 저는 그 이야기가 일정 부분 맞다고 생각합니다. 네, 피고는 분명 권력욕이 있었고 그 욕심 때문에 권력을 연장하려고 했습니다. 대체 왜 그랬을까요? 아들의 군 면제? 개인적인 재산 축적? 아니요, 결코 그렇지 않습니다. 피고는 당시 우리나라의 안전과 발전을 위해 일할 대통령으로서 자신만 한 사람이 없다고 판단했던 것입니다. 북한의 위협으로부터 나라와 국민을 안전하게 지키기 위해 군사력을 적절하게 사용하고 미국으로부터 도움을 받아 올 수 있는 인물로 피고 자신만 한 인물이 달리 없었던 겁니다.

이것은 피고 혼자만의 생각이 아니었습니다. 부정 선거니 뭐니 해도 당시 선거에서 피고는 2위권의 후보와 엄청난 격차를 벌이며 대통령에 당선되었습니다. 이는 국민들이 피고를 대신할 인물이 없다는 걸 알고 있었기 때문인 거죠. 피고를 맘에 들지 않아 하는 사람도 피고 말고는 대통령으로 밀 만한 사람이 없었기에 피고를 뽑았던 겁니다. 발췌 개헌과 사사오입 개헌은 이런 국민들의 의지에 힘입어 이루어진 것입니다. 이를 무조건 불법으로만 간주한다면 그 자체가 국민들의 주권을 무시하는 행위 아니겠습니까? 피고는 누구보다 우리나라를 사랑한 사람입니다. 이 점을 생각하며 피고가 했던 일을 떠올리면 왜 그럴 수밖에 없었는지 이해할 수 있을 것입니다.

판사 이것으로 4·19 혁명에 대한 첫 번째 재판을 마치겠습니다. 오늘은 4·19 혁명 발생의 원인이 된 이승만 정권의 실체를 밝히기 위한 재판이 진행되었습니다. 대한민국의 초대 대통령이었던 피고는 발췌 개헌과 사사오입 개헌을 통해 2대와 3대까지 무려 12년간이나 대통령으로서 대한민국을 통치하였습니다. 그 과정에서 피고는 헌법을 두 번이나 고쳤는데, 그 과정이 합법적이었는지 불법적이었는지의 문제와, 개헌의 이유가 시대적 필요 때문이었는지 개인의 권력 연장의 욕심 때문이었는지가 오늘 재판의 핵심 논쟁거리였습니다. 또한 진보당 사건이라 불리는 조봉암 사형의 원인과 과정에 대해서도 피고 측과 원고 측은 다른 주장을 하였습니다. 이에 대한 주장과 증거들은 면밀한 검토 후 최종 판결에 영향을 미칠 것입니다.

다음 재판에서는 4·19 혁명의 직접적인 원인으로 지적되고 있는 3·15 부정 선거와 4·19 혁명 과정에 대해 다루겠습니다.

땅, 땅, 땅!

이승만의 정읍 발언

1945년에 우리나라는 드디어 일본의 지배로부터 벗어났으나, 미국·영국·소련 3국 외상의 모스크바 3상 회의에서는 우리나라를 독립 전까지 신탁 통치하기로 결정합니다. 이후 미국과 소련은 미소 공동 위원회를 열어 신탁 통치와 독립 절차를 논의하려 하지만, 의견 대립으로 결국 결렬되고 말지요. 그 가운데 국내에서는 독립 절차에 대한 의견 차이로 사회주의자들과 민족주의자들이 대립하게 되었습니다. 1946년 6월, 지방 순시를 하던 이승만은 '정읍 발언'을 하게 되는데요, 그 주요 내용은 다음과 같습니다.

"……이제 우리는 무기 휴회된 미소 공동 위원회가 재개될 기색도 보이지 않으며, 통일 정부를 고대하나 여의케 되지 않으니, 우리는 남방만이라도 임시 정부, 혹은 위원회 같은 것을 조직하여 38 이북에서 소련이 철퇴하도록 세계 공론에 호소하여야 될 것이니, 여러분도 결심하여야 할 것입니다……."

남한 단독 정부의 수립을 주장한 이승만의 정읍 발언을 보도한 『서울신문』

정읍 발언의 핵심은 남한만이라도 단독 정부를 수립하자는 것이었고, 남북 분단도 가능하다는 뜻이었습니다. 그러나 당시의 많은 지도자들은 남북 분단에 반대하며 남북한 통합 정부 수립 운동을 전개하였습니다.

다알지 기자

안녕하세요. 이곳은 4·19 혁명의 첫 번째
재판이 끝난 법정 앞입니다. 특히 오늘 재판에
는 여러 독립운동가 분들이 방청객으로 참여해서
관심을 끌었는데요, 그중 두 분을 모시고 인터뷰를 나눠 보겠습니다.
김구 선생님, 신채호 선생님! 안녕하세요? 두 분은 피고인 이승만 씨와
인연이 깊다고 들었어요. 또 별로 사이가 좋지 않다는 얘기도 있더라
고요. 두 분과 피고가 어떤 관계인지 말씀해 주시겠습니까?

김구

저와 이승만 씨가 사이가 안 좋다고요? 그건 잘못 알려진 얘기입니다. 우리는 임시 정부 시절 같이 독립운동을 하면서 식민지의 아픔을 함께 나누었죠. 특히 이승만 씨는 임시 정부 초대 대통령을 지냈고 저는 이후 주석으로 활동했기에 누구보다도 임시 정부에 애정이 깊습니다. 다만 해방 후 정부 수립에 관해서는 저와 이승만 씨가 생각이 좀 달랐어요. 저는 무슨 일이 있어도 남북한 통합 정부를 세우려 했던 반면에, 이승만 씨는 남한만의 단독 정부 수립을 주장했지요. 전 남한만의 단독 선거에 반대하여 첫 번째 선거에 참여하지 않은 반면, 이승만 씨는 선거에 나섰죠. 결국 이승만 씨는 초대 대통령으로 당선되었습니다. 저는 두 번째 선거에 참여할 계획이었지만, 1949년 안두희에게 암살당하는 바람에 해방 후 정치에는 참여하지 못했습니다.

왜 4·19 혁명이 발생했을까?

신채호

　전 이승만 씨가 독립운동을 하던 시절부터 의견이 맞지 않았어요. 저는 군사력을 키워서 일본과의 전쟁에 이겨 나라를 독립시켜야 한다고 주장한 반면, 이승만 씨는 외교적인 노력을 통해 다른 나라의 도움을 받아 독립하자고 주장했습니다. 하지만 처음에 임시 정부가 수립되었을 때에는 저도 이승만 씨의 의견을 받아들여 같이 독립운동을 했습니다. 하지만 이승만 씨가 자기 멋대로 국제 연맹에 위임 통치 청원서를 내면서 사이가 틀어져 버렸지요. 위임 통치 청원서란, 국제 연맹이 와서 일본을 몰아내고 대신 우리나라를 통치해 달라는 편지였습니다. 즉, 이승만 씨는 다른 나라가 우리나라를 통치하게 함으로써 일본을 몰아내자고 계획했던 건데, 이는 저와 다른 독립운동가들을 분노하게 했습니다. 우리가 원하는 건 일본이건 미국이건 간에 다른 나라의 지배를 받지 않는 완전한 독립이었습니다. 그런데 이승만 씨는 미국 같은 나라가 와서 일본 대신 통치하면 그게 독립이라고 생각했던 거죠. 결국 이 위임 통치 청원서 사건이 알려지면서 이승만 씨는 임시 정부에서 쫓겨났는데, 그를 쫓아내는 데 앞장선 사람이 저였습니다. 그런 이승만 씨와 제 사이가 좋을 리 없지 않겠어요?

3·15 부정 선거와
4·19 혁명의 발생

1. 3·15 부정 선거는 어떻게 이루어졌나?
2. 마산 의거와 김주열 학생의 죽음
3. 시민들은 왜 4월 19일, 거리로 나왔을까?

교과연계

한국사
IX. 대한민국의 발전과 국제 정세의 변화
  2. 민주주의의 시련과 발전
    1) 4·19 혁명, 이승만 독재를 무너뜨리다

1

3·15 부정 선거는 어떻게 이루어졌나?

역사공화국 4·19 혁명 재판의 둘째 날이 밝았다. 첫 번째 재판에서 유명 인사들이 방청객과 증인으로 재판에 참여했다는 소문이 나자, 두 번째 재판에는 그들을 보려는 방청객들이 몰려들었다. 게다가 오늘 재판에서 4·19 혁명의 과정이 다뤄진다는 소식을 듣고, 4·19 혁명의 직접적인 피해자뿐만 아니라 가족이나 친구를 잃은 많은 사람들이 재판을 보기 위해 모여들어, 법정 앞은 북새통을 이루었다.

판사 지금부터 4·19 혁명에 대한 두 번째 재판을 시작하겠습니다. 첫 번째 재판에서는 이승만 정권의 실체를 알아보기 위해 피고가 12년간이나 대통령직을 유지했던 방법과 과정에 대해 살펴보았습니다. 오늘 재판에서는 4·19 혁명의 직접적인 원인과 혁명 과정을 자세히 알아보고자 합니다. 어쩌면 이번 재판 과정에서 가장 중요하다고도 할 수 있겠는데요. 먼저 원고 측 설명을 들어 보겠습니다.

한민주 변호사 존경하는 판사님, 배심원 여러분! 오늘 우리는 드디어 4·19 혁명 재판의 실체에 접근합니다. 4·19 혁명은 시민들이 들고일어나서 이승만 독재 정권을 무너뜨린 자랑스러운 시민 혁명입니다. 하지만 한편으로 생각해 보면 너무나 가슴 아픈 우리나라 역사이기도 합니다. ▶발췌 개헌을 했을 때도, 사사오입 개헌을 했을 때도 참고 기다리던 시민들이 오죽하면 거리로 나왔겠습니까? 4·19 혁명 당일 거리로 나온 시민들 중 공식적인 기록으로만 183명이 죽고 6259명이 부상을 당했습니다. 순하디 순한 시민들이 자신의 목숨과 안전에 위협이 가해지는 걸 뻔히 알면서도 거리로 나온 건, 피고의 독재를 더 이상 참을 수 없게 되었기 때문입니다. 즉, 4·19 혁명으로 인한 모든 피해의 원인은 피고입니다. 오늘 재판에서는 그러한 독재의 실체를 밝히고 피고에게 책임을 묻고자 합니다.

판사 다음으로 피고 측의 발언을 듣겠습니다.

이나라 변호사 저 역시 그날 피해를 입은 희생자들과 그 가족들을 생각하면 가슴이 아픕니다. 하지만 4·19 혁명의 모든 책임을 피고에게 돌리는 건 문제가 있다고 생각합니다. 4·19 혁명은 피고의 실정 때문이라기보다는 분단이라는 시대 상황과 피고 주변 사람들의 농간 때문에 발생한 사건입니다. 어찌 보면 피고도 피해자라고 할 수 있죠. 저는 오늘 재판을 통해 바로 이 점을 밝히고자 합니다.

교과서에는

▶ 사사오입 개헌과 발췌 개헌으로 의회 민주주의의 원칙은 크게 손상되었습니다.

판사　두 변호사의 변론 잘 들었습니다. 그럼 우선 4·19 혁명의 원인으로 알려진 3·15 부정 선거에 대해 알아보겠습니다. 먼저 원고 측에서 진술해 주세요.

한민주 변호사　3·15 부정 선거에 대해 원고인 장면 씨의 의견을 들었으면 합니다.

판사　네, 좋습니다.

한민주 변호사　원고께서 3·15 부정 선거가 왜 발생하게 되었는지 먼저 설명해 주시겠습니까?

장면　1960년 선거는 여러 가지로 의미가 있는 선거였습니다. 이승만 씨가 12년간이나 정권을 잡고 있자 이에 대한 국민들의 불만이 하늘을 찌르고 있었어요. 게다가 그 전의 1956년 선거에서는 제가 부통령으로 당선되었고, 그때 저희 당 대통령 후보였던 신익희 씨가 갑자기 사망하는 일만 없었어도 선거 결과가 어떻게 됐을지 아무도 장담할 수 없는 상황이었으니까요. 그런 일이 발생한 뒤의 선거라, 많은 국민들은 이번에야말로 이승만 대통령을 몰아낼 기회라고 생각하고 기대를 많이 하고 있었죠. 그런데 불의의 사고가 발생하고 말았습니다. 저희 당의 대통령 후보인 조병옥 씨가 선거를 한 달 앞두고 지병으로 세상을 떠난 것입니다.

한민주 변호사　1956년의 신익희 후보에 이어 조병옥 후보까지, 악재가 되풀이되는군요. 참으로 안타깝네요.

장면　그때는 하늘이 무너져 내리는 것 같았습니다. 신익희 후보가 세상을 떠난 후 4년을 기다렸고, 이번에야말로 이승만 정권을 몰아

널 기회라고 생각했는데 조병옥 후보마저 세상을 떠나고 나니, 하늘이 우리를 버린 것인가 원망해 보기도 했죠. 이제 이승만 대통령의 적수가 될 만한 대통령 후보는 없었고, 이승만 대통령의 네 번째 당선은 기정사실화되었습니다.

한민주 변호사　　정말 실망이 컸겠군요. 후보가 없는데 선거 준비는 어떻게 하셨나요?

장면　　대통령 후보는 없지만, 당시 선거에서는 대통령과 더불어 부통령을 뽑았기에 저와 민주당은 부통령 선거에 온 힘을 쏟았습니다. 당시 부통령 선거에서는 저와 자유당의 이기붕 후보가 맞붙었는데, 이기붕은 이승만 정권하에서 온갖 비리를 저질러 많은 국민들의 원망을 듣고 있었어요. 게다가 저는 그 전 선거에서 이미 부통령에 당선될 만큼 인지도가 높았기에 당선 가능성은 매우 컸죠. 그렇다 보니 이승만 정권은 긴장할 수밖에 없었습니다.

　　그런데 자유당에서 긴장하는 데에는 또 다른 이유가 있었어요. 바로 이승만 대통령의 나이가 많다는 점이었습니다. ▶당시 이승만 대통령은 84세로 어찌 보면 언제 죽을지 모르는 상황이었죠. 대통령 유고 시 부통령이 대행해야 하는 당시 상황에서 부통령 선거는 그 어느 때보다 중요했습니다. 이 상황을 당시 여당인 자유당과 야당인 민주당, 나아가 국민들도 인식하고 있었기에, 야당에 대통령 후보가 없었음에도 불구하고 3월 15일 선거는 많은 사람들의 지대한 관심을 받고 있었습니다.

기정사실화
이미 결정되어 있는 사실로 생각하는 것을 뜻합니다.

유고
특별한 사정이나 사고가 있는 것을 말합니다.

교과서에는

▶ 자유당은 고령인 이승만이 건강에 문제가 생기면 부통령이 대통령직을 승계해야 한다는 점을 생각했습니다. 그래서 자신의 당인 이기붕을 부통령에 당선시키기 위해 공무원, 마을 이장, 경찰, 정치 깡패까지 동원하여 부정을 저질렀지요.

한민주 변호사   당시 선거에 대한 전망은 어떠했습니까?

장면   이승만 대통령과 자유당은 "구관이 명관"이란 구호를 내걸고 정권의 안정을 내세우며 국민들의 지지를 호소했고, 저와 민주당에서는 "못살겠다. 갈아 보자" 하면서 이번에야말로 정권 교체를 하자고 외쳤습니다. 양 당이 각축을 벌였지만, 사실 저의 부통령 당선이 유력했습니다. 정권 교체를 원하는 많은 사람들이 대통령 자리는 이승만에게 내주더라도 부통령만큼은 야당에서 나오길 원했고, 조병옥 후보의 죽음은 그런 바람을 하나로 묶어 내는 구심점 역할을 했지요. 이승만 대통령도 이 점을 잘 알고 있었기에, 이런 전망을 뒤집고 이기붕을 부통령으로 만들기 위해 온갖 노력을 기울였습니다.

한민주 변호사   구체적으로 어떻게 노력했나요?

장면   ▶선거 전부터 이승만 대통령과 자유당은 정부의 동원력과 공무원을 이용해 대대적으로 부정 선거 운동을 펼쳤습니다. 여당의 재력을 이용해 이승만 대통령과 이기붕을 선전하는 광고물을 만들어 뿌렸고, 차량을 동원해 전국을 돌아다니면서 두 후보에 대한 지지를 호소하였습니다. 이는 분명 불법 선거 운동이지만, 당시 이승만 대통령과 자유당은 그런 것쯤은 개의치 않았지요. 어떻게 해서든 당선되는 게 목적이었고, 그 목적을 위해서라면 어떤 방법도 동원할 수 있는 게 이승만 대통령이었으니까요.

한민주 변호사   그렇게까지 했다면 많은 사람들 머릿속에는 피고와 이기붕 후보에 대한 기억만 남았겠는데요?

장면　이승만 대통령이 노린 게 바로 그거였습니다. 특히 당시에는 공약이나 정책에 대한 인식이 없던 터라 이름을 많이 들어 보았거나 인지도가 높은 사람을 찍는 경우가 많아, 어떻게 해서든 이름을 많이 알릴수록 선거에서 유리했죠. 관청과 공무원을 이용한 대대적인 선전은 확실히 당선에 엄청난 도움이 될 수 있었습니다. 하지만 이승만 대통령과 자유당은 이것만으로는 불안해했어요. 그만큼 이승만 정권에 대한 반발, 나아가 야당에 대한 국민들의 지지가 높았기 때문이지요. 이에 이들은 3월 15일, 대대적인 부정 선거를 저지릅니다.

한민주 변호사　구체적으로 어떤 불법적인 일을 했나요?

장면　이승만 대통령과 자유당이 계획한 부정 선거의 방법은 크게 세 가지였습니다. 첫째, 사전 투표 방식입니다. 선거가 시작되기 전에 투표함에는 이미 투표용지가 들어 있었어요. ▶물론 대통령은 이승만, 부통령은 이기붕을 찍은 투표용지였죠. 실제로 미리 들어 있던 투표용지는 전 유권자 수의 40%나 되었습니다.

　▶▶부정 선거의 두 번째 방법은 삼삼오오 짝지어 투표소에 들어가기였습니다. 이승만 대통령 지지자들이 서너 명씩 짝을 지어 다른 사람을 데리고 투표소로 들어가서 자신들이 보는 앞에서 투표를 하게 했습니다. 민주주의에서는 비밀 투표가 원칙인데 투표의 비밀이 지켜지지 않은 것입

야당
정당 정치에서, 현재 정권을 잡고 있지 아니한 정당을 말합니다.

교과서에는

▶ 내무부 장관 최인규는 '지역별로 자연 기권자, 유령 유권자, 매수 유권자의 표를 4할 정도 만들어 사전 기표하여 투표함에 미리 넣어 둘 것'을 지시하였습니다.

▶▶ 내무부 장관 최인규는 '지역별로 3~9인씩 조를 편성하여 조장이 조원의 표를 확인, 자유당 선거 운동원에게 보여 주고 투표함에 넣도록 할 것'을 지시하였습니다.

니다. 즉, 여러 사람의 보이지 않는 협박에 눌려 이승만과 이기붕을 찍게 만든 것이었죠. 이 과정에서 야당 참관인을 내쫓는 일도 다반 사였습니다.

　이렇게 하고도 불안했는지, 이승만 정권은 부정 선거의 마지막 방법으로 투표함 바꿔치기를 했습니다. 투표가 끝나면 투표함은 당일로 개표소로 이송하게 돼 있습니다. 그때 투표함을 다른 투표함으로 바꿔치기했는데, 바뀐 투표함에는 당연히 이승만과 이기붕 지지 표만 들어 있었지요.

　장면의 진술에 방청석이 웅성거리기 시작했다.
　"어떻게 그런 선거가 가능해요?"
　"옛날이잖아요. 어느 나라나 민주주의 초창기에는 수준이 낮을 수밖에 없는 거죠."

"그래도 이건 너무한데요. 말도 안 되잖아요. 그런 걸 사람들이 몰랐을까요?"

"저렇게 대놓고 부정을 저지르는데 모를 리 있겠어요?"

"알았으니까 4·19 혁명이 일어난 거겠죠."

한민주 변호사　정말 놀라움을 금치 못하겠네요. 어떻게 민주주의 사회에서 그런 부정이 가능하죠?

장면　상식적으로 도저히 이해할 수 없는 일이지만, 이 모든 게 사실입니다. 부정이 얼마나 극심했던지, 이상한 개표 결과가 나왔어요. 이승만과 이기붕 후보가 얻은 표가 전체 유권자 수보다 많았던 겁니다.

한민주 변호사　전체 유권자 수보다 더 많은 표를 얻었다고요? 정말 어처구니가 없네요. 미리 투표함에 넣어 둔 표와 마지막에 바꿔치기한 투표함 속의 표가 너무 많았군요. 그건 정부 스스로 엄청난 부정 투표를 저질렀음을 공개한 거나 다름없는데, 이에 대해 정부는 어떤 조치를 취했나요?

장면　개표가 이루어지는 동안 이승만 대통령은 자신과 이기붕 후보의 득표 수를 줄여 발표하도록 시켰습니다. 그도 그럴 것이, 도저히 개표한 대로 공개할 수 없었기 때문이지요. 하지만 이미 이승만과 자유당의 부정 선거는 모든 사람들에게 기정사실로 받아들여졌어요. 그래서 이에 반발하는 시위가 전국적으로 발생했는데, 그 시위들이 4·19 혁명의 전초전이 되었죠.

한민주 변호사　증언 감사합니다.

　원고의 증언과 같이, 피고와 자유당 정권은 선거에서 이기기 위해 그 어떤 일도 서슴지 않았습니다. 원고가 증언한 부정 선거의 예들은 민주주의 국가에서는 도저히 상상조차 할 수 없는 일입니다.

판사　이에 대해 피고 측에서 발언하시겠습니까?

이나라 변호사　3월 15일 선거에 대해 피고의 생생한 증언을 듣고자 합니다.

판사　좋습니다.

이나라 변호사　피고 이승만에게 묻겠습니다. 지금까지 원고가 3·15 부정 선거에 대해 오랫동안 증언했는데, 이 증언 내용은 모두 진실입니까?

이승만　진실이라고 들었지만, 사실 저는 잘 모릅니다.

　이승만의 말을 들은 방청객들이 여기저기서 수군거렸다.

"진실이지만 모른다니, 대체 무슨 말이죠?"

"당사자가 모르면 누가 알아요?"

　이내 이어지는 이나라 변호사의 질문에, 방청객들은 숨을 죽이고 귀를 기울였다.

이나라 변호사　잘 모른다니, 무슨 말인지 설명해 주시겠습니까?

이승만　사실 저는 그날 선거에서 부정을 저지를 이유가 전혀 없었습니다. 여러분도 아시다시피 제 경쟁 상대이던 조병옥 후보가 선거 전에 세상을 떠났기에, 저는 아무것도 하지 않아도 당선될 수밖에 없었죠. 그리고 그때 제 나이가 84 세였습니다. 제게 무슨 욕심이 더 있었겠습니까? 이미 노후 준비가 돼 있던 제게 정권욕이란 아무 의미가 없었어요. 그런 제가 대대적인 선거 부정을 저질렀다고요? 말이 안 됩니다. 하지만 제 주변에 정권에 욕심을 부린 사람이 없었다고 할 수는 없습니다. 정치를 함에 있어 야당으로 사는 것과 여당으로 사는 건 다르니, 자유당 내에서 정권을 잡기 위해 노력한 사람들이야 당연히 있었을 거라고 생각합니다. 그 사람들로선 부정을 저지를 수도 있었겠죠.

이나라 변호사   그 얘기는 피고가 부정 선거를 지시하지 않았다는 뜻으로 들리는데, 맞습니까?

이승만   그렇습니다. 제가 뭣 때문에 부정 선거를 지시했겠습니까? 저는 단지 선거에서 이기기 위해 노력하라고 했습니다. 선거를 앞두고 그런 말 안 하는 사람이 있을까요? 그런데 그걸 오해한 사람들이 있었던 모양입니다. 선거에 이기기 위해 노력하라는 얘기를 부정한 방법을 쓰라는 뜻으로 오해하고 수단과 방법을 가리지 않았던 것 같아요. 그런 사람들이 제 밑에 있었던 것은 정말 유감입니다. 하지만 저는 부정 선거가 진행되는 동안에도 그 자세한 내용은 전혀 알지 못했어요. 단지 개표할 때 저와 이기붕 후보의 표가 너무 많이 나오기에 표 수를 줄여 발표하라고 지시했을 뿐이지요. 그리고 나중에야 부정 선거의 구체적인 내용을 알게 되었습니다.

여당
정당 정치에서, 현재 정권을 잡고 있는 정당을 가리킵니다.

이나라 변호사 원고의 주장처럼 3월 15일 선거는 부정 선거로 치러졌습니다. 저 역시 그 사실을 부정하지 않습니다. 다만 중요한 것은, 부정 선거가 있었느냐 없었느냐가 아니라 누가 무엇을 위해 부정을 저질렀느냐 하는 점입니다. 방금 들었듯이 피고는 부정을 저지를 이유가 없었습니다. 부정이 없어도, 노력하지 않아도 당선되는 선거에서 왜 온 힘을 다해 부정을 저지르겠습니까? 즉, 부정 선거는 피고의 잘못이 아닙니다. 피고의 잘못이 아닌 일을 피고에게 책임지라고 한다면 그것이야말로 부정이 아닙니까? 3·15 부정 선거에 있어 피고는 무죄임이 분명합니다.

한민주 변호사 이 일에 대해 피고에게 질문할 게 있습니다.

판사 질문하십시오.

한민주 변호사 피고는 선거에서 당선될 게 확실하기에 부정을 저지를 필요가 없었다고 말씀하셨는데요, 물론 그 말은 이해할 수 있습니다. 하지만 이기붕 후보가 부통령에 당선되기를 가장 간절히 바란 사람은 피고 아니었습니까? 당연히 이기붕 후보의 당선을 위해 피고가 당내에서 노력하셨을 텐데요, 어떤 노력을 하셨는지 구체적으로 말씀해 주시겠습니까?

이승만 물론 당시 저나 우리 당 입장에서 이기붕 후보의 당선은 굉장히 중요했습니다. 그 점을 알고 있었기 때문에, 이기붕 후보의 당선을 위해 최선을 다하고 어떻게든 당선될 수 있게 하라고 지시했지요. 하지만 부정 선거를 지시한 적은 없습니다.

한민주 변호사 구체적인 지시만 하지 않았지 당선 가능성이 없는 후보를 어떻게든 당선시키라고 하는 지시는 부정을 저지르라는 지시와 다르지 않다고 생각하는데요.

이나라 변호사   이의 있습니다. 원고 측 변호인은 같은 질문으로 피고를 괴롭히고 있습니다.

판사   인정합니다. 원고 측 변호인은 신중히 질문해 주세요.

한민주 변호사   주의하겠습니다. 한 가지 더 묻겠습니다. 피고는 자신은 지시하지 않았지만 주변 지지자들과 당내에서 부정을 저질렀다고 하셨는데요, 당시 피고는 자유당 대표였습니다. 그렇다면 당에서 저지른 잘못에 대해 책임이 있는 것 아닙니까?

이승만   물론 제 책임이 전혀 없는 것은 아닙니다. ▶저도 그 점을 알기에 국민들이 3·15 부정 선거에 대해 반발했을 때 자유당과의 정치적 연계를 끊겠다고 선언했습니다. 그 정도면 됐지 제가 더 이상 뭘 해야 합니까? 제 개인의 잘못도 아닌 일을 제가 모두 책임져야 한다는 건가요?

한민주 변호사   보통의 경우 당내에서 벌어진 잘못은 당 대표가 책임을 지고 사퇴하곤 합니다. 게다가 이 일은 당 내부 문제가 아니라 국민을 상대로 사기를 친 것인데도 책임질 필요가 없다고 생각하시는군요. 잘 알겠습니다. 부정 선거에 대한 피고의 생각과 태도가 궁금했습니다. 이상으로 피고에 대한 질문을 마치겠습니다.

교과서에는

▶ 정부는 이기붕 부통령 당선자의 사퇴와 이승만의 자유당 총재직 사임으로 사태를 수습하려 하였습니다.

2 마산 의거와 김주열 학생의 죽음

판사 원고와 피고의 발언을 통해 4·19 혁명의 원인으로 지적되고 있는 3·15 부정 선거에 대해 알아보았습니다. 3·15 부정 선거가 자유당의 부정에 의해 저질러진 잘못된 선거라는 점에서는 원고 측과 피고 측의 입장이 일치했으나, 그 책임 여부에 대해서는 양측의 생각이 다르다는 걸 확인할 수 있었습니다. 이제 4·19 혁명 과정에 대해 살펴보도록 하겠습니다. 원고 측에서 먼저 하시겠습니까?

한민주 변호사 네, 김주열 군을 증인으로 신청합니다.

판사 증인은 나와서 선서해 주십시오.

김주열이라는 이름이 나오자 방청석이 웅성거리기 시작했다.

"4·19 혁명 때 눈에 최루탄을 맞고 죽은 학생이 김주열이죠?"

"사진과 화면으로만 봤는데 역사공화국에서 직접 보게
되었네요."

여러 이야기들이 오가는 가운데 김주열이 증인석에 섰다.

최루탄

눈물샘을 자극하여 눈물을 흘리
게 하는 약이나 물질을 넣은 탄
환을 말합니다.

김주열   신성한 재판의 증인으로서 진실만을 말할 것을 맹세합니
다. 만약 거짓을 진술할 경우 위증죄로 처벌받겠습니다.

한민주 변호사   자신에 대해 먼저 말씀해 주시겠습니까?

김주열   저는 4·19 혁명이 발생하기 전 마산 시위에서 목숨을 잃

은 김주열입니다. 그때 제 나이 17세로 고등학교 1학년 학생이었습니다.

한민주 변호사 고등학교 1학년이면 한창 공부할 때인데 왜 시위에 참여했나요?

김주열 마산 시위는 1960년 3월 15일에 발생한 부정 선거에 대한 반대 시위였습니다. 당시 선거에선 저 같은 고등학생, 아니, 초등학생이 봐도 알 수 있을 정도로 대대적인 부정이 저질러졌어요. 그러니 화가 안 납니까? 많은 사람들이 12년이나 이어져 온 이승만 대통령의 통치에 신물을 느끼고 있었어요. 그래서 1960년 선거에서만큼은 어떻게든 정권을 바꾸고 싶어 했죠. 그런데 그런 국민들의 바람을 단번에 무시하기라도 하듯 발생한 게 바로 3·15 부정 선거입니다. 이승만 대통령 지지자들을 제외하고, 그런 부정 선거를 겪고도 화가 나지 않은 사람이 있었을까요? ▶저 역시 그런 이유로 시위에 참여하게 되었습니다.

한민주 변호사 독재 정권에 맞서는 일인데 시위에 참여하는 게 두렵지는 않았나요?

김주열 처음 참여할 때는 이런 엄청난 부정 선거를 자행하는 정부를 그냥 둘 수 없다는 생각에 두려움도 몰랐습니다. 하지만 막상 시위에 참여하고 보니 정부의 진압이 무섭게 다가왔어요. 우리 마산 시민들은 평화적으로 시위했음에도 불구하고, 정부와 경찰은 최루탄을 쏘아 대고 백골단을 투입해 시민들을 무차별 폭행했지요. 지금 생각해

교과서에는

▶ 4·19 혁명은 고등학생들이 앞장서고 대학생과 시민들이 폭넓게 참여하여 독재 정권을 무너뜨린 혁명입니다.

왜 4·19 혁명이 발생했을까?

도 몸이 떨립니다. 그 시위에서만 7명이 사망하고 80여 명이 부상을 입었으니까요. 그 와중에 제 얼굴로 최루탄이 날아왔고, 그것이 눈에 박히면서 저도 목숨을 잃게 되었어요.

한민주 변호사　　참으로 가슴 아픈 일입니다. 당시 이승만 정권은 시위 진압을 상당히 폭력적으로 했던 것 같은데, 맞습니까?

김주열　　네! 당시 이승만 정권의 퇴진과 3·15 부정 선거 무효를 주장하는 시민들의 시위가 전국적으로 발생했습니다. 하지만 이승만 대통령은 잘못을 인정하고 사과하기는커녕 오히려 시민들의 시위를 불법으로 간주해 막아 내려고만 했어요. 이런 무리수 끝에 저 같은

무리수
도리나 이치에 맞지 않거나 정도를 지나치게 벗어나는 일을 비유적으로 이르는 말입니다.

유기
내다 버리는 것을 말합니다.

희생자가 나오게 된 거죠.

한민주 변호사　안타까운 일이군요. 김주열 군이 최루탄을 맞고 죽었을 때 정부는 어떤 조치를 취했나요?

김주열　제가 최루탄에 맞아 죽었다는 사실을 숨겼습니다.

방청석 여기저기에서 탄식이 터져 나왔다.

한민주 변호사　숨기다니요? 자세히 말씀해 주시겠습니까?

김주열　제가 최루탄에 맞아 죽었다는 사실이 알려지는 게 이승만 정권에게는 득 될 게 없었습니다. 그뿐이겠습니까? 가뜩이나 3·15 부정 선거 때문에 정권에 대한 국민들의 반발이 극에 치닫고 있는 상황에서 저 같은 고등학생이, 그것도 경찰의 진압으로 인해 죽었다는 사실이 알려지는 게 두려웠겠죠. 그래서 제 시신을 바다에 버린 겁니다. 그런 사실을 몰랐던 제 가족과 주변 사람들은 사방팔방으로 저를 찾으러 다녔죠. 그렇게 며칠을 찾아 헤맨 끝에 마산 앞바다에서 최루탄이 눈에 박힌 제 시체가 발견되었습니다.

한민주 변호사　시위 중인 고등학생을 최루탄에 맞아 죽게 한 것도 모자라 시체를 유기했다는 사실이 밝혀졌으니, 사람들이 그냥 넘어가지 않았겠네요?

김주열　물론이죠. 저의 죽음과 시체 유기 사실이 알려지자, 가뜩이나 3·15 부정 선거에 불만이 많았던 시민 사이에서 이승만 정권의 퇴진을 요구하는 소리가 높아졌어요. 3·15 부정 선거와 저의 죽음에 책임을 지라는 여론이 들끓었고, 그동안 이승만 정권에 우호적이던 사람들까지 이번 일만큼은 이승만 대통령이 책임져야 한다며 진상 규명 및 정권 퇴진을 요구했습니다.

한민주 변호사　이승만 정권이 적잖이 당황했겠군요. 그래서 피고가 그 일에 대한 책임을 졌습니까?

김주열　책임은커녕 시민들의 시위는 불법이며 그 배후에는 공산주의 세력이 있다며 계엄령을 선포했습니다.

한민주 변호사　계엄령이라면 군사권을 발동하여 시위를 진압하겠다는 거잖아요? 당시 피고에 대한 시민들의 반발이 정말 굉장했나 보군요. 계엄령까지 내릴 정도면.

김주열　네! 이승만 대통령의 독재와 3·15 부정 선거에 반발한 시민들의 불만이 그만큼 컸어요. 하지만 계엄령까지 내려진 마당에 시민들이 거리로 나오는 것은 한계가 있었습니다. 이승만 대통령은 당연히 퇴진해야 한다고 생각했지만, 군대의 총칼 앞에 기가 죽었던 거죠. 이렇듯 이승만 정권이 시민들의 민주화 요구에 강경하게 대응하자 시민들의 열기는 한풀 꺾였고, 이번에도 이승만 정권은 유지되는 것처럼 보였습니다.

한민주 변호사　정말 안타깝습니다. 잘못이 명백한데도 정권의 무력에 눌려 시민들의 요구가 묵살되고 있으니…….

김주열　많은 사람들이 두려움에 떨며 눈치를 보고 있었어요. 하지만 이미 커질 대로 커진 민주화 요구마저 짓밟을 수는 없었습니다. 그 요구가 터져 버린 게 4·19 혁명이지요.

진상 규명
사물이나 현상의 거짓 없는 모습이나 내용을 자세히 따져서 바로 밝히는 것을 말합니다.

정권 퇴진
정치를 담당하는 권력이 물러나는 것을 말합니다.

한민주 변호사 　피고의 독재와 자신의 죽음을 떠올려야 하는 어려운 일이었음에도 끝까지 증언해 주서서 감사합니다. 이상으로 증인 신문을 마치겠습니다.

판사 　증인은 돌아가셔도 좋습니다.

　김주열은 증인석에서 내려와 법정을 나갔다. 방청객들은 나가는 김주열의 뒷모습을 안쓰러운 듯 바라보았다.

　"김주열 학생 집은 원래 전라도인데 마산상고에 합격해서 마산에 와 있던 거라면서요?"

　"마산상고에 합격한 날이 시위가 발생하기 전날인 3월 14일이었대요. 합격의 기쁨을 맛보지도 못한 채 하루 만에 목숨을 잃은 거죠."

　"가족들이 얼마나 슬펐을까……."

한민주 변호사 　이 증언으로 미루어 알 수 있듯이, 3·15 부정 선거에 대한 당시 시민들의 반발은 상상을 초월할 정도로 컸습니다. 하지만 이승만 정권은 그 반발을 수용하기보다 무력으로 제압하려 했고, 그 과정에서 안타깝게도 김주열 군 등 여러 사람이 죽고 다쳤습니다. 즉, 당시 시위에 나선 수많은 사람 누구라도 김주열 군과 같은 피해를 입을 수 있었고 불행한 일을 겪을 수 있었지요. 하지만 피고는 국민들이 겪는 피해와 고통은 안중에 없고 자신의 정권 연장에만 관심이 있었습니다. 이렇듯 피고의 권력욕은 그 어떤 희생을 치르고서라도 이뤄 내야 할 정도로 컸고, 그만큼 국민들의 고통도 커져 갔습니다. 바로 이것이 이승만 정권의 실체이자 피고의 가장 큰 실정이라고 할 수 있습니다.

판사   잘 들었습니다. 이제 김주열 군 사망 사건에 대한 피고 측 변론을 들어 보겠습니다.

이나라 변호사   김주열 군을 비롯한 무고한 시민들의 희생에 대해 애도의 뜻을 전합니다. 저도 이런 불행한 일은 일어나지 않았으면 좋았겠다고 생각합니다. 그리고 그런 마음은 피고 역시 마찬가지였을 거라고 생각합니다. 피고에게 묻겠습니다. 마산 시위와 김주열 군의 죽음에 대해 당시 얼마나 알고 있었나요?

이승만   저는 당시 마산 시위뿐만 아니라 3·15 부정 선거의 책임을 묻는 전국적인 시위에 대해서도 자세히 알지 못했습니다. 제 측근들은 그런 상황에 대해서 전혀 알려 주지 않았고, 심지어 제가 보는 신문은 따로 만들어, 시위에 대한 기사를 다 삭제한 후 읽도록 했지요. 즉, 저는 당시 시민들이 3·15 부정 선거에 불만을 갖고 저의 퇴진을 요구하고 있었다는 사실 자체를 모르고 있었습니다.

이나라 변호사   그래도 나라 안에서 여러 소란이 벌어지고 있다는 사실은 어느 정도 알지 않았을까요?

이승만   제가 바보가 아닌 이상 시위에 대해 아무것도 모르지는 않았습니다. 하지만 저는 그 시위를 공산주의자와 친북 세력이 우리나라를 혼란에 빠뜨리기 위해 일으킨 일이라고 생각했습니다. 그러니 계엄령을 내린 것이죠.

이나라 변호사   그런 속사정이 있었군요. 잘 알겠습니다.

피고의 이야기를 들어서 아시겠지만, 당시 피고는 마산 시위나 김주열 군 죽음에 대한 정확한 사실을 모르고 있었습니다. 그리고 그렇게 된 것은 피고 주위에서 과도하게 충성한 측근들 때문이고요. 물론 피고가 측근 관리를 잘하지 못했다는 과실이 있다는 점은 인정합니다. 하지만 원고 측 변호인의 말처럼 피고가 국민들의 죽음을 아무렇지 않게 생각해서 그런 일을 자행한 것은 아닙니다. 피고는 마음이 따뜻하고, 나라의 발전을 위해서라면 어떤 희생도 감수할 준비가 되어 있는 사람입니다. 그런 사람이기에 오랫동안 독립운동을 했고, 독립 후에도 나라를 위해 일할 수 있었던 거죠. 이러한 피고의 본심을 욕심 가득한 권력자로 매도하는 것은 잘못이라고 생각합니다.

한민주 변호사   나라를 정말 사랑하고 위한다면 과감하게 권력을 포기할 줄도 알아야 하는 것 아닐까요? 진짜 국민을 위하는 길이 무엇인지 조금만 더 생각했다면, 불법 선거를 자행하면서 정권을 유지하려 애쓰지 않았겠지요. 그건 나라 사랑이 아니라 권력에 대한 집착입니다.

이나라 변호사   모든 일을 국민 뜻대로 하는 것이 좋은 정치라고는 생각하지 않습니다. 국민의 뜻과 달라도 더 옳은 길을 선택해야 할 때도 있죠. 당시 공산주의의 위협을 받고 있던 우리나라 상황을 고려할 때 정치적으로 가장 필요한 건 안정된 정치를 이끌 수 있는 대통령이었습니다. 그래서 피고 스스로 대통령의 길을 선택한 거고요.

한민주 변호사   그럼 이 변호사는 당시 대통령을 할 사람이 피고밖에 없었다고 생각하시나요?

이나라 변호사   물론 다른 사람도 대통령이 될 수는 있었겠죠. 하지만 피고만큼 대통령 일을 잘할 수는 없었다고 봅니다. 피고는 국민의 안전을 지키기 위해 최선을 다했으니까요.

한민주 변호사   국민들의 안전을 지켰다고요? 피고가 집권했던 1950년대에 우리나라는 농촌 붕괴와 실업자 증가, 미국의 원조 중단 등으로 인해 심각한 경제적 위기를 겪고 있었습니다. 그런 상황에서 피고는 무슨 일을 했나요? 자기 측근들 배를 불리고 불법 개헌으로 정권을 연장하는 것 말고 한 일이 대체 뭐죠? 그런데도 대통령을 할 사람이 피고밖에 없었다고요?

이나라 변호사   당시 우리나라가 경제적으로 어려웠던 건 워낙 경제적 기반이 약해서예요. 피고가 집권하고 있어서가 아니라고요.

한민주 변호사   하지만 피고와 그 측근들은 경제적 어려움 없이 지냈잖아요. 만약 피고가 자신의 집권 연장에 들인 노력을 국민 생활과 국가 경제력 향상을 위해 쏟아부었다면 경제적 어려움은 훨씬 줄었을 겁니다. 이런 대통령이 당시 최선의 대통령이었다고요?

이나라 변호사   다른 사람이 대통령을 했다고 더 나았을까요? 최소한 피고는 우리나라를 공산주의로부터 지키기 위해 최선의 노력을 다했습니다. 당시 대통령에게 이보다 더 중요한 일이 있을까요? 피고는 국민을 공산주의의 침략으로부터 안전하게 지키겠다는 신념하에 정치를 했던 사람입니다.

한민주 변호사   피고가 그 신념으로 무고한 사람을 죽이고 불법으로 정권을 연장하는 동안, 국민들은 필수품과 먹을 것이 부족해서

생활고에 시달렸습니다. 이것이 좋은 정권입니까?

이나라 변호사　　　그건 한 변호사의 개인적인 의견일 뿐이지요.

판사　　　진정하세요. 원고 측과 피고 측 주장의 진위 여부와 책임 문제는 최종 판결에서 가려질 일이지, 두 분 변호인의 말싸움으로 결정되는 것이 아닙니다.

　　판사의 만류에 한민주 변호사와 이나라 변호사 둘 다 자리에 앉았지만, 한민주 변호사는 아직도 분이 가시지 않은 듯 화가 난 얼굴이었다. 한편, 이나라 변호사는 두 번째 재판에서 원고 측에 밀리고 있다는 생각에 심각한 표정이 되었다.

　왜 4·19 혁명이 발생했을까?

시민들은 왜 4월 19일,
거리로 나왔을까?

판사　이제 4·19 혁명의 발생 과정에 대해 알아보겠습니다. 원고 측이 먼저 발언해 주십시오.

한민주 변호사　4·19 혁명은 시민뿐만 아니라 여러 학생들이 주축이 되어 일어난 혁명입니다. 혁명 과정에 대해 누구보다 원고인 장면 씨가 잘 알고 있으므로 원고의 증언을 들어 보았으면 합니다.

판사　좋습니다.

한민주 변호사　먼저 4·19 혁명이 발생하기 전 상황에 대해 설명해 주시겠습니까?

장면　4·19 혁명이 일어나기 전에 대한민국에는 극도의 긴장감이 흐르고 있었습니다. 이승만 정권의 부정 선거에 반발하여 일어난 마산 시위에서 김주열 학생 등 많은 시민, 학생이 죽고 다쳤음에도 이승만 대통령과 정부는 이를 대수롭지 않게 여겼습니다. 오히려 마산 시위가 공산주의자들이 조종하여 일어난 것이라고 발표하고는 시위 과정을 수사하겠다고 했지요. 즉, 김주열 학생의 억울한 죽음과 부정 선거에 항의해 시위할 경우 간첩으로 몰릴 수 있는 상황이 된 거죠.

한민주 변호사   진보당 사건에서 봤듯이 당시에는 간첩으로 몰리면 바로 사형당할 수도 있었잖아요? 사람들이 무서워서 시위에 나서지 못했을 것 같아요.

장면   맞습니다. 특히 이승만 정권에 극도로 적대적이었던 학생 시위는 3·15 마산 시위 이후 맥이 끊기다시피 했지요. 누구도 쉽게 목숨을 걸고 나서지 못했어요. 게다가 이승만 정권은 뻔뻔하게도 3월 15일 선거에 아무 문제가 없다는 발표까지 했습니다. 이승만과 이기붕은 이미 대통령과 부통령 자리에 오른 것처럼 기고만장하여 다음 정권에서 실행할 정책들을 논의하고 있었죠. 일이 이렇게 진행되자 시민들 사이에서는 이승만 정권의 집권 연장의 꿈이 이루어질 수 있다는 불안감이 떠돌았지요.

한민주 변호사   어처구니없는 부정 선거를 저지르고 시위에 나선 학생과 시민들의 목숨까지 빼앗고도 벌을 받기는커녕 이승만 정권의 독재 정치가 계속될 상황이 된 거군요.

장면   아무리 부정을 저지른 정권이라고 해도 시민들 힘으로는 아무것도 할 수 없다는 패배감이 퍼져 나갔고 정치인들도 시민들의 힘을 무서워하지 않았죠. 하지만 이번만큼은 절대 이승만 대통령과 자유당의 만행을 보고만 있을 수 없다고 생각한 학생들 사이에 은밀하게 시위가 준비되고 있었습니다. 침묵을 깨고 가장 먼저 시위의 첫발을 내딛은 곳은 고려대학교였습니다. ▸1960년 4월 18일, 고려대학교 학생들은 마산 사건의 책임자 처벌, 경찰의 학원 출입 금지 등을 요구하며 평화적인 시위를 했습니다. ▸▸하지만 이승만 정권은 반공청년당이라는 정치 깡패들을 보내 시위를 진압하고 폭력을 휘둘러 수십 명의 학생들이 부상당하는 사태가 벌어집니다.

한민주 변호사　마산에서 폭력 진압으로 김주열 학생을 죽여 놓고 또 폭력 진압에 나섰군요. 이 사실이 알려지면 국민들이 참고 있지 않을 것 같은데요.

장면　맞습니다. ◆고려대학교 학생들의 시위가 있던 다음 날인 1960년 4월 19일, 서울에서 약 3만 명의 대학생과 고등학생들이 거리로 쏟아져 나와 이승만 정권의 퇴진을 요구하는 시위를 했고, 수천 명의 학생들은 경무대로 몰려들어 폭력 진압에 항의했습니다. 하지만 이날도 경찰들은 시위대를 향해 발포했고, 학생들의 시위는 평화 시위에서 폭동으로 변했습니다. 이런 일이 발생하자 부산, 대구, 광주, 인천 등 주요 도시에서 학생들의 시위가 이어졌고 시위 행렬은 전국으로 번졌습니다. ◆◆이승만 정권은 주요 도시에 계엄령을 선포하고 시위를 진압해서 4월 19일 하루 동안 서울에서만 130여 명이 죽고 1000명 이상의 부상

경무대
서울 종로구에 있는 대한민국 대통령 관저인 청와대의 옛 이름입니다.

교과서에는

▸ 1960년 4월 11일, 시위 진압 경찰에 의해 사망한 고등학생 김주열의 시신이 마산 앞바다에서 발견되자 격렬한 시위가 전국으로 확산되었습니다.

▸▸ 4월 18일에 서울에서 시위를 마치고 돌아가던 대학생들이 정치 깡패에게 폭행당하는 사건이 벌어졌습니다.

◆ 4월 19일 중고생과 대학생을 비롯하여 시민 수만 명이 거리로 쏟아져 나와 시위를 하게 됩니다. 부정 선거와 이승만 독재를 규탄하면서 대통령 집무실인 경무대 즉 지금의 청와대 앞까지 진출하였지요.

◆◆ 정부가 비상계엄을 선포하고 군대까지 동원하였지만 국민들의 저항은 계속되었습니다.

자가 발생했습니다.

각료
한 나라의 내각을 구성하는 각
장관을 말합니다.

한민주 변호사　　희생이 무척 컸군요. 그렇게 많은 사람들

이 죽거나 다칠 정도였다면 4·19 혁명의 시위대 규모가

굉장했다는 얘긴데, 이에 대한 피고의 반응은 어떠했습니까?

장면　　아무리 시위대의 규모가 커도 이승만 대통령은 물러날 생각

이 없었습니다. 일단 시위대를 진압하는 게 중요하다고 생각한 이승

만 대통령은 전 국무총리였던 변영태와 전 서울특별시장이었던 허

정에게 위기 상황을 해결해 달라며 도움을 청했어요. 하지만 두 사

람 모두 이승만 정권의 앞날을 예견했는지 각료로 들어가기를 거부

했지요. 이렇게 되자 이승만 대통령은 이기붕에게 모든 사태의 책임을 지고 정치에서 물러나라고 명령했습니다. 이어 이승만 대통령은 자유당을 비롯해 모든 사회단체와 결별하겠다고 선언하는 걸로 사태를 무마하려 했습니다.

한민주 변호사　　모든 책임을 다른 사람들에게 떠넘기고 자신은 책임이 없다는 것을 밝혀 정치를 계속하려는 꼼수로군요.

장면　　그렇죠. 하지만 이미 12년간이나 이승만 대통령에게 속은 국민들은 더 이상 그의 말을 믿지 않았습니다. 이승만 대통령은 책임을 지고 부정 선거 사태를 수습하겠다고 했지만, 시위대는 이승만 대통령의 즉각적인 사퇴를 요구하며 물러서지 않았습니다. 오히려 시위의 물결은 커져만 갔죠. 하지만 이승만은 이를 학생들만의 시위로 치부하고는 그 요구를 묵살했습니다.

　　하지만 시위대의 요구는 학생들만의 목소리가 아니라 시민 모두의 바람이라는 것을 당시 누구나 알고 있었어요. 이승만 혼자 그 사실을 부인하고 있었던 거죠. 이승만 대통령이 사태 수습 방안을 발표했음에도 시민들의 민주화 요구는 식지 않았습니다. ▶급기야 4월 25일 각 대학의 교수들 300여 명이 이승만의 사임을 요구하는 학생들의 시위를 지지한다며 거리 행진에 나섰고, 이승만의 퇴진 요구가 학생들만의 희망이 아닌 모든 국민의 요구 사항임을 밝혔습니다. 일이 이렇게까지 되자 ▶▶이승만 대통령은 더는 버틸 수 없었고, 결국 다음 날인 4월 26일 사퇴를 선언하기

교과서에는

▶ 미진한 사태 수습에 대학교수들이 이승만 대통령의 퇴진과 재선거를 요구하는 시국 선언을 발표하고 시위에 참여하였습니다. 그러자 시민과 학생은 물론 초등학생들까지도 시위에 가세하였지요.

▶▶ 결국 이승만은 4월 26일 "국민이 원한다면 물러나겠다"라는 성명을 발표하고 대통령직에서 물러납니다.

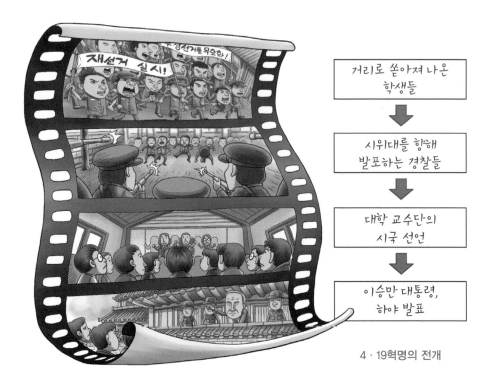

거리로 쏟아져 나온
학생들

↓

시위대를 향해
발포하는 경찰들

↓

대학 교수단의
시국 선언

↓

이승만 대통령,
하야 발표

4·19혁명의 전개

에 이르렀습니다.

한민주 변호사 3월 15일부터 4월 26일까지 40여 일에 불과한 짧은 시기가, 우리 정치 역사에서는 시민과 학생이 독재 정부의 무력에 맞서 민주화로 향했던 기나긴 길목이었군요.

장면 맞습니다. 정치인들이 12년간 해내지 못한 일을, 시민들이 힘을 모아 40여 일 만에 해낸 뜻깊은 혁명의 나날이었죠. 이날의 승리는 우리나라뿐만 아니라 아시아 전체에서 시민의 힘으로 정부를 몰아낸 최초의 시민 혁명으로 기록되고 있습니다.

한민주 변호사 원고의 이야기를 듣는 것만으로도 감격스럽습니다.

　이렇듯 4·19 혁명은 시민과 학생들이 맨주먹으로 일궈 낸 아시아 최초의 시민 혁명이자 승리의 역사입니다. 하지만 그 승리 뒤에는 우리가 미처 알지 못했던 수많은 무고한 시민들의 희생이 있었습니다. 시민들의 힘으로 독재 정권을 몰아낸 것은 너무도 기쁜 일이지만, 만약 그 승리가 희생 없이 이루어졌다면 얼마나 좋았을까요? 이승만 대통령이 대통령이라는 자리에 목매지 않았더라면, 혹은 선거에서 부정을 저지르지 않았더라면 이런 일은 발생하지 않았을 것입니다. 이승만 대통령의 개인적인 권력욕이 원망스러워지는 순간이네요. 이상으로 변론을 마치겠습니다.

판사　다음으로 피고 측, 변론해 주세요.

이나라 변호사　저희는 좀 더 정확하게 4·19 혁명의 실체에 접근하기 위해 혁명 당시 서울 지역 계엄 사령관이었던 육군 참모 총장 송요찬 씨를 증인으로 모시고자 합니다.

판사　증인 송요찬 씨는 나와 주십시오.

오랫동안 군 생활을 했던 군인답게 깔끔하게 정복을 차려입은 송요찬이 법정으로 들어와 증인석에 올랐다.

송요찬　저는 신성한 재판의 증인으로서 진실만을 말할 것을 약속합니다. 만약 거짓 증언을 할 경우 위증죄로 처벌받겠습니다.

이나라 변호사　증인이 기억하는 4·19 혁명에 대해 설명해 주시겠습니까?

송요찬　4·19 혁명은 3·15 부정 선거에 불만을 가진 사람들이 저마다 민주주의의 신념을 가지고 거리로 뛰쳐나온 사건으로 민주주의 혁명으로 기록되고 있습니다. 하지만 저에게 있어 그 시위는 우리나라를 위험에 빠뜨리는 행위였지요.

이나라 변호사　왜 그렇게 생각했던 거죠?

송요찬　우리나라는 남북한이 대치하고 있는 상황으로 항상 공산주의의 위협을 받고 있습니다. 특히 당시에는 남한에도 북한을 지지하는 사람들과 간첩이 있었기에 지금보다 훨씬 더 위험했지요. 그런 상황에서 대규모 시위가 발생한다는 건 북한의 침략에 무방비 상태가 되는 것이며, 시위가 발생한 시기는 북한에게는 침략의 기회가 되지요. 특히 당시 시위대는 흥분한 상태여서 나라에 위험을 초래할 수도 있었습니다.

이나라 변호사 4·19 혁명의 상황이 위험하다는 걸 어떻게 확신할 수 있었나요?

송요찬 저는 오랫동안 군인으로 활동했어요. 특히 제주 4·3 항쟁 당시 공산주의자들의 활동과 남한 내 빨치산의 활동을 막고 공산주의자들을 색출하는 데 온갖 노력을 기울였지요. 그런 제가 공산주의자들의 활동을 못 알아보겠습니까? 당시 공산주의자들은 우리나라를 혼란에 빠뜨려 어지럽게 만든 후 남침하여 우리나라를 북한에 흡수할 계획을 세우고 있었습니다. 그런 상황에서 4·19 혁명과 같은 대규모 반란은 북한 입장에서는 좋은 기회일 수밖에 없죠.

이나라 변호사 그러고 보니 4·19 혁명은 위험천만한 상황이었네요. 그런 위기 상황에서 정부가 할 수 있는 최선의 일은 무엇이었습니까?

송요찬 계엄령입니다. 계엄령을 내리면 정부가 군사력을 동원할 수 있기에 만약 적이 침략해 와도 당황하지 않고 대처할 수 있습니다. 그런 사실 때문에 정부에서는 4·19 혁명 시위대 진압의 방법으로 계엄령을 내린 것입니다. 많은 사람들이 정부의 시위대 진압이 폭력적이었다고 얘기하지만, 계엄령은 국민을 위협하려는 게 아니라 국민들을 외적의 침략으로부터 지키려는 목적에서 내려진 것입니다.

이나라 변호사 　　그런 사실을 미처 알지 못했군요. 하지만 계엄령 발포 때문에 이승만 정권은 평화적으로 진행된 시위를 폭력적으로 진압했다는 평가를 받고 있습니다. 만약 증인이 당시 대통령이었다면 4·19 혁명에 어떤 방법으로 대응하셨겠습니까?

송요찬 　　저 역시 계엄령을 선택했을 것입니다.

이나라 변호사 　　대답에 한 치의 망설임도 없으시군요. 왜 계엄령을 선택했을 거라고 생각하십니까?

송요찬 　　다른 사람은 어떨지 모르지만, 저처럼 군인으로 평생을 살아온 사람들은 국가 안보에 있어 국방이 얼마나 중요한지 잘 알고 있습니다. 나라가 있어야 국민도 있고, 나라가 있어야 민주주의도 있습니다. 이런 사실을 모르는 사람들이야 독재나 폭력 진압만 생각하겠지만, 저는 그런 사람들보다 더 넓은 시야에서 국가를 바라보고 나라의 존폐를 걱정합니다. 혁명! 좋죠. 하지만 그 혁명 때문에 전쟁이 발생하면 누가 책임질 겁니까? 시민들이 적과 맞서 싸울 수 있습니까? 저 같은 군인이 없다면 나라를 지키지 못할 것입니다. 그래서 군인이 나서서 시위대를 막고 비상사태에 대비하는 것입니다.

이나라 변호사 　　그렇다면 당시 피고가 계엄령을 내린 건 잘못이 아니라는 얘긴가요?

송요찬 　　물론입니다. 당시 이승만 대통령이 계엄령을 내린 것은 현명한 결정이었습니다.

이나라 변호사 　　좋은 증언 감사드립니다. 이상으로 증인 신문을 마치겠습니다.

한민주 변호사   판사님, 증인에게 질문하고 싶은 것이 있습니다.

판사   네, 질문하세요.

한민주 변호사   증인, 계엄령을 발포해 국민의 생명을 위협하는 건 어떻게 해석해야 할까요? 국가를 위한다고 하지만 국가의 주인인 국민은 그로 인해 위험에 빠집니다. 이때는 어떤 게 더 중요하다고 보십니까?

전시
전쟁이 일어난 때를 말합니다.

송요찬   변호사님이 뭔가 오해하시는 것 같은데요, 계엄령은 국민을 죽이기 위한 명령이 아닙니다. 다만 평상시가 아닌 전시와도 같은 상황이니 군대의 동원력을 크게 키우는 것일 뿐으로, 이는 국민을 위험으로부터 지키기 위한 조치입니다.

한민주 변호사   그럼 4·19 혁명 당시 내려진 계엄령도 국민들을 지키는 역할을 했나요? 제가 보기에 당시 내려진 계엄령은 국민을 지키기 위함이 아니라 국민으로부터 피고와 그 측근을 지키기 위한 것이었다고 판단되는데, 이에 대한 증인의 생각은 어떻습니까?

송요찬   결과만 보면 계엄령 때문에 피해를 본 것은 일반 국민들이었습니다. 하지만 처음부터 계엄령이 국민들에게 피해를 주기 위해 내려진 것은 아니었습니다. 저 역시 국민들의 생명을 해칠 생각이 아니었고요. 다만 시위가 발생하고 시위대가 흥분하게 되면 예기치 못한 사고가 발생하기도 하지요. 그 점은 이해해 주셨으면 합니다.

한민주 변호사   그럼 4·19 혁명 당시 시위대를 향해 내려진 계엄령과 폭력 진압으로 학생과 시민 수백 명이 죽고 수천 명이 부상을 당

한 것은 고의가 아니라 사고였군요. 사고라면 그에 대한 보상이 이루어져야 할 것 같은데, 증인의 생각은 어떻습니까?

송요찬   원한다면 보상이 이루어져야 하겠죠. 국민의 안전과 생명에 대한 국가의 보상 책임도 있으니까요.

한민주 변호사   잘 알겠습니다. 이상으로 증인 신문을 마치겠습니다.

판사   증인은 돌아가셔도 좋습니다.

이제 오늘 재판을 마무리하겠습니다. 오늘은 4·19 혁명의 직접적인 발생 원인과 혁명 과정에 대해 알아보았습니다. 이에 대한 원고 측과 피고 측의 마무리 변론을 들어 보겠습니다. 먼저 원고 측 변호인, 말씀해 주세요.

한민주 변호사　오늘 우리는 4·19 혁명의 원인과 과정에 대해 살펴보면서 이승만 정권의 실체에 접근할 수 있었습니다.

피고는 자신의 집권을 위해 불법과 편법을 일삼았고 그 결과 장기 집권에 성공할 수 있었습니다. 하지만 이승만 정권의 과도한 욕심에 국민들의 생활은 엉망이 되어 갔고 급기야 국민들은 피고와 자유당 정권이 물러나기를 바라게 되었어요. 국민들의 이런 요구와 바람에도 불구하고 피고는 권력을 놓지 않으려 했고, 그 욕심은 3·15 선거를 대대적인 부정 선거로 만들었습니다.

이런 이승만 정권의 횡포를 더 이상 견딜 수 없었던 국민들이 이승만 정권의 퇴진을 요구하며 거리로 나온 사건이 4·19 혁명입니다. 즉, 4·19 혁명으로 인한 모든 피해와 희생의 근본적인 원인은 장기 집권을 위해 독재와 불법을 일삼은 이승만 정권에게 있습니다. 따라서 피고는 이에 대한 모든 책임을 지고 피해 보상을 해야 합니다.

피고 측은 4·19 혁명의 책임을 피고가 아닌 시대 상황이나 우리나라의 지리적 위치 탓으로 돌리려 합니다. 하지만 그 모든 것이 원인으로 작용했다 하더라도 결국 사람들을 죽고 다치게 한 것은 이승만 정권이고 그 정권의 대표는 피고입니다. 이런 엄연한 사실이 있음에도 불구하고 책임을 회피하는 것은 변명에 지나지 않습니다. 피고에게 최소한의 양심이 남아 있다면 자신의 죄를 인정하고 피해 보상을 해야 합니다. 이상으로 변론을 마치겠습니다.

판사   다음으로 피고 측의 변론이 있겠습니다.

이나라 변호사   4·19 혁명의 일차적인 책임은 분명 피고에게 있습니다. 4·19 혁명은 3·15 부정 선거에 대한 반발에서 나온 것으로, 그것이 주변 사람들의 과도한 충성에서 온 결과라 하더라도 피고가 책임을 피할 수 없음은 확실합니다.

하지만 이미 피고는 혁명의 책임을 지고 대통령 자리에서 물러나는 결단을 내렸습니다. 저는 이 이상 피고가 책임져야 할 일은 없다고 생각합니다. 재판 내내 언급했듯이, 당시 시대 상황이나 북한과의 대치 상황을 고려할 때 피고가 전개했던 정치는 독재라기보다는 우리에게 꼭 필요한 안정된 정치였습니다. 국민들의 안전을 위해 힘이 강한 정부를 만드는 것이 잘못입니까? 만약 피고의 정치가 독재라면 피고 역시 시대 상황이 만들어 낸 희생양입니다. 그런 희생양에게 피해 보상을 요구하는 것은 지나친 일로서 원고 측 주장은 억지라고 판단됩니다.

4·19 혁명으로 인해 피해를 본 분들의 아픔은 저나 피고 역시 가슴 아프게 생각합니다. 하지만 피고는 국민들에게 피해를 주려고 대통령이 된 것이 아닙니다. 오로지 나라와 민족을 위해 애쓴 사람이 바로 피고입니다. 따뜻한 가슴을 지니고 나라를 사랑했던 피고는 4·19 혁명으로 인해 정계에서 은퇴했습니다. 이 점을 생각하면 피고는 4·19 혁명의 원인 제공자가 아니라 피해자라는 사실을 알 수 있습니다. 이상으로 변론을 마치겠습니다.

판사   두 변호인 모두 수고 많으셨습니다. 오늘 재판에서 우리는

3·15 부정 선거의 발생 원인과 부정 선거 방식, 그리고 부정 선거에 대한 반발에서 비롯되어 전국적인 정권 퇴진 운동으로 발전한 4·19 혁명에 대해 알아보았습니다.

4·19 혁명은 얼핏 보기에는 1960년 4월 19일 시민들이 거리로 뛰쳐나온 일회적인 사건으로 보이지만 그 안에는 이승만 장기 집권에 대한 평가가 들어 있었고, 그로 인해 이승만 정권은 무너지게 됩니다. 또한 4·19 혁명은 시민의 승리로 끝나긴 했지만 그 과정에서 수많은 시민들이 피해를 입었습니다. 그 피해의 책임을 누가 져야 하는지는 최종 판결에서 결정될 것입니다.

마지막 재판에서는 4·19 혁명 이후 우리나라의 정치 변화를 점검해 보고 4·19 혁명이 어떻게 마무리되었는지 살펴봄으로써 4·19 혁명의 진정한 의미와 피고의 책임 여부에 대해 알아보겠습니다. 원고 측과 피고 측 변호인은 마지막 재판에 잘 대비해 주시기 바랍니다. 오늘 재판을 마치겠습니다.

땅, 땅, 땅!

우리나라 공화 체제의
변화 과정

우리나라 정부 체제를 결정하는 헌법이 바뀜에 따라 공화 체제도 변화해서, 지금까지 모두 여섯 번 공화국이 성립되었습니다. 각 공화국의 정부 체제를 비교하면 다음과 같습니다.

제1공화국은 1948년 7월 17일에 제정된 헌법에 의해 같은 해 8월 15일에 수립되어 1960년 4·19 혁명으로 붕괴되기 전까지 유지되었던 대한민국 최초의 공화 헌정 체제입니다. 이 체제에서는 대통령과 부통령이 존재했으며, 임기는 4년이었고, 대통령은 두 번까지 할 수 있었습니다. 하지만 이승만 대통령은 사사오입 개헌을 통해 두 번까지 대통령을 할 수 있다는 제한을 초대 대통령에 한해 철폐하였습니다.

제2공화국은 1960년 6월 15일부터 1962년 3월 22일까지 존속하였던 대한민국의 두 번째 공화국입니다. 대한민국 역사상 유일한 내각제 기반 공화 헌정 체제였던 제2공화국에서는 내각 대표인 총리에게 정치적 실권이 있었습니다.

제3공화국은 1961년 5·16 군사 정변에 의한 군정 이후 1962년 12월 17일 국민 투표로 확정된 개정 헌법에 의해 설립된 공화 헌정 체제입니다. 제3공화국에서는 정부 형태가 다시 대통령 중심제로 바뀌었지만 부통령은 존재하지 않았습니다. 대통령 임기는 4년, 두 번까지 할 수 있었으나, 박정희 대통령은 장기 집권하기 위해 1969년에 헌법을 바꿔 세 번까지 대통령을 할 수 있게 했습니다.

제4공화국은 1972년 10월 유신으로 수립된 대한민국의 네 번째 공화 헌정 체제로, 대통령의 권한을 절대화시킨 게 특징입니다. 제4공화국에서 대통령은 국회 의원의 3분의 1과 모든 법관을 임명하고, 긴급 조치권·국회 해산권을 가지며, 임기 6년에 연임할 수 있었습니다. 대통령은 국민이 직접 뽑지 않고 통일주체국민회의의 간선제로 선출하였습니다. 1979년 10·26 사건으로 박정희 대통령이 죽으면서 제4공화국은 막을 내렸습니다.

제5공화국은 1979년 12·12 군사 반란과 5·17 비상계엄령 이후 헌법 개정을 통해 탄생한 대한민국의 다섯 번째 공화국입니다. 대통령 임기는 7년이고 단 한 번만 할 수 있도록 제한하였고, 대통령은 통일주체국민회의에서 간선제로 선출하였습니다.

제6공화국은 1987년 6월 항쟁의 결과 개정된 민주적 헌법에 의해 성립되어 현재까지 지속되고 있는 공화국입니다. 대통령 직선제를 핵심으로 하며, 대통령 임기는 5년이고 한 번만 할 수 있습니다.

다알지 기자

　　　　　　　　오늘은 특별히 비극적인 죽음을 맞이했던
　　　　　　두 분을 이 자리에 모셨습니다. 신익희 님과 조
　　　　병옥 님이신데요. 두 분의 공통점이라면 대통령 선거
를 코앞에 두고 돌아가셨다는 점입니다. 사실 그런 일이 연이어 두 번
씩이나 대통령 선거 직전에 발생하기란 참 어려운 일인데요, 이 일에
대해 두 분은 어떻게 생각하시는지 들어 보겠습니다.

신익희

저는 1956년 3대 대통령 선거 당시 야
당인 민주당의 대통령 후보로 나섰던 신
익희입니다. 당시 선거 분위기는 저희 야당
에 상당히 유리했습니다. 이승만 대통령은 사사
오입 개헌을 통해 세 번째 대통령 선거에 나왔지만 이를 곱지 않은 시
선으로 보는 국민들이 많았지요. 그런 국민들에게 저와 민주당은 대안
이 될 수 있었기에 저를 지지하는 국민들이 굉장히 많았습니다. 실례
로 1956년 5월 2일 한강 백사장에서 열린 저의 유세에 무수한 인파가
모여들어 제 인기가 사실임을 증명하였어요. 그러나 그로부터 사흘 뒤
인 5월 5일, 호남 지방에서 유세하기 위해 전주로 가던 중 기차 안에서
저는 목숨을 잃었습니다. 뇌혈관 출혈로 인한 심장마비가 죽음의 직접
적인 원인이었죠. 저의 죽음은 많은 국민들에게 슬픔을 넘어 절망으로
까지 받아들여졌습니다. 이승만 대통령을 물리칠 수 있는 가장 가능성
있는 후보가 죽었으니까요. 그 뒤 치러진 대선에서는 185만여 표가 죽
은 저에게 던져졌습니다.

조병옥

　　저는 1960년 제4대 대통령 선거 당시 민주
당의 대통령 후보로 지명되었던 조병옥입니다.
　　1960년 제4대 대통령 선거에서는 이승만과 저의 정
면 대결이 기대되고 있었지요. 이승만은 불법적인 개헌으로 네 번째
대선에 출마했지만, 많은 국민들은 이번만은 바꿔 보자는 의지로 저에
대한 지지를 아끼지 않았습니다. 게다가 당시는 야당 중 하나였던 진
보당이 해체되고 진보당 대표였던 조봉암이 사형된 직후였기 때문에,
국민들은 이승만과 저, 둘 중 한 사람을 선택할 수밖에 없었습니다. 즉,
이전 선거에서는 여러 명 중 한 명을 선택했지만 이번만큼은 둘 중 하
나를 선택해야 했기에, 이승만이 싫은 사람은 누구나 저를 지지할 수
밖에 없었죠. 이런 분위기이다 보니 저의 당선 가능성은 상당히 높아
보였습니다. 하지만 선거를 1개월 앞두고 병을 치료하고자 미국으로
건너간 저는 월터리드 육군 병원에서 수술을 받던 도중 심장마비로 죽
었습니다. 결국 이승만은 단독 후보나 마찬가지가 되어 또다시 대통령
에 당선될 수 있었지요.

1960년대 학생들은
어떤 교과서를 보았을까요?

교과서 『착한 생활』

1955년 4월 대도문화사에서 출판한 교과서로 당시 시대상
을 잘 보여 줍니다. 당시에는 생활을 중심으로 한 교육을 중
요하게 여겼으며, 반공과 사람이 마땅히 지키고 행해야 할
도덕적 의리인 도의 교육을 강조했지요. 『착한 생활』이라는
당시 교과서도 이러한 맥락에서 이해할 수 있습니다. 지금의
초등학교인 당시 국민학교의 도덕 교과서랍니다.

교과서 『새로운 문화의 창조』

고등학교 교과서로 1956년 3월에 일한도서출판사에서 출판되었습니다. 정치적으로도, 경제적으로도, 사회적으로도 많은 것이 혼란스러운 1950~1960년대였지만, 과거에만 매달려 있을 수는 없었지요. 그래서 교과서도 『새로운 문화의 창조』라는 것이 필요했습니다.

교과서 『셈본』

1953년 3월 문교부에서 출판한 교과서입니다. 문교부는 지금의 교육부로, 초등학교 『수학』교과서에 해당하는 것이 『셈본』이었지요. 교과서를 보면 셈과 관련된 여러 가지 문제가 나오는데, 예를 들어 보면 이렇습니다. '이번에는 큰 공 굴리기입니다. 철수는 백군이고, 순이는 청군입니다. 백군은 몇 사람 남았습니까? 청군은 몇 사람 남았습니까? 지금 어느 편이 이기고 있습니까?'

교과서 『애국독본』

사진 속 유물은 1955년 우종사에서 출판된 중등용 교과서 『애국독본』입니다. 독본이란 '글을 읽어 그 내용을 익히기 위한 책'이라는 뜻입니다. 따라서 『애국독본』이란 애국심을 고취시키는 책이라고 이해할 수 있지요. 일제 강점기를 거쳐 나라의 분단과 6·25 전쟁을 겪은 학생들의 애국심과 자긍심을 높이기 위해 만들어진 교과서입니다.

교과서 『표준 우리말본』

오랜 일제 강점기와 원치 않는 전쟁을 겪으며 제대로 된 한글 교육을 받지 못한 것이 1950~1960년대 우리 국민의 현실이었습니다. 그래서 전 국민 문맹 퇴치에 역점을 두고 국어 교육에 힘써야 했지요. 사진 속 유물은 1954년 3월 을유문화사에서 출판된 교과서로 『표준 우리말본』입니다. 원래 '우리말본'은 1937년에 최현배가 지은 문법책을 가리킵니다. 국어의 문법 체계를 정리해둔 책이지요.

출처: 부천교육박물관(www.bcmuseum.or.kr)

4·19 혁명의 결과와
그 이후 정치 상황

1. 이기붕 일가의 자살과 이승만 정권의 붕괴
2. 제2공화국 출범으로 성립한 장면 정부
3. 4·19 혁명의 의의와 한계

교과연계

한국사
IX. 대한민국의 발전과 국제 정세의 변화
  2. 민주주의의 시련과 발전
    2) 4·19 혁명의 기대 속에 출범한 장면 내각

1

이기붕 일가의 자살과
이승만 정권의 붕괴

4·19 혁명 재판의 마지막 날이 밝았다. 오늘 재판을 끝으로 최종 판결이 내려진다는 사실에 긴장했는지, 피고 측과 원고 측 모두 법정에 일찍 도착해 인터뷰도 사절한 채 재판을 준비하고 있었다. 방청석에는 4·19 혁명의 피해자 가족뿐만 아니라 역대 대한민국의 정치인들까지 참여해 재판의 긴장감을 더했다. 방청객들은 조용히 재판이 시작되기를 기다렸다.

판사　지금부터 4·19 혁명의 마지막 재판을 시작하겠습니다. 지난 재판에서는 4·19 혁명의 발생 원인과 전개 과정에 대해 살펴보았습니다. 오늘 재판에서는 4·19 혁명의 결과와 이후 대한민국의 정치 변화에 대해 알아보겠습니다. 먼저 원고 측 변호인, 발언해 주십시오.

한민주 변호사 　 4·19 혁명은 이승만 정권의 독재와 부정 선거에 반발하여 시민들이 정권의 퇴진을 주장하며 일으킨 시민 혁명입니다. 이승만 정권에 반대하는 혁명이었기에 시민들은 당연히 정권의 핵심인 피고가 대통령 자리에서 물러날 것을 주장하였습니다. 하지만 피고는 끝까지 물러나지 않으려 했죠. 자신의 독재로 인해 국민들이 피해를 봤음에도 불구하고 그 책임을 다른 사람에게 돌리려 한 것입니다. 이 과정에 대해서 원고인 장면 씨의 증언을 들어 보겠습니다.

　피고는 국민들의 퇴진 요구에 어떻게 대응했나요?

장면 　 이승만 대통령은 3·15 부정 선거는 자신의 책임이 아니라며 물러나지 않겠다고 했습니다. 대신 부정 선거의 책임을 물어 이기붕을 정계에서 은퇴시켰지요. 하지만 국민들의 불만은 가라앉지 않았습니다. 이에 저는 부통령직을 사퇴한다고 선언했습니다. 3·15 선거는 끝났지만 아직 대통령과 부통령이 바뀌지는 않았던 터라 당시 부통령은 저였거든요. 만약 그 시점에 이승만 대통령이 자리에서 물러난다면 부통령인 제가 정치를 해야 했죠. 저는 이승만 대통령이 이 사실이 부담스러워서 물러나지 않는 걸지도 모른다는 생각에 제가 먼저 사퇴하기로 결심한 겁니다.

　그렇게 했음에도 불구하고 이승만 대통령은 물러나는 대신 재선거를 하겠다, 자유당과 결별하겠다, 경찰을 포함한 정부 관리들이 정치에 관여하지 못하게 하겠다는 등 약속을 남발했습니다. 즉, 대통령을 계속하겠다는 것이었죠. 하지만 이것은 국민의 뜻이 아니었

하야
시골로 내려간다는 뜻으로, 관직이나 정계에서 물러남을 이르는 말입니다.

습니다. 결국 4월 25일, 전국의 대학 교수 300여 명이 국회까지 행진 시위를 하며 이승만 대통령의 사퇴는 학생들만의 요구가 아닌 전 국민의 바람이라는 사실을 알렸고, 국민들은 교수들의 시위를 지지하며 거리로 나왔어요. 결국 다음 날인 4월 26일, 이승만 대통령은 자리에서 물러나겠다고 발표했습니다.

한민주 변호사   결국 물러나게 될 것을 시간을 끌며 상황을 복잡하게 만들었군요. 피고가 물러난 후 자유당은 어떻게 되었나요?

장면   이승만 대통령이 하야한 이틀 후 이기붕 일가가 자살을 했습니다. 이기붕은 이승만 대통령의 비서로 정치에 발을 담근 뒤 이승만 정권의 모든 부패와 연결되었던, 부패의 상징과도 같은 인물이었습니다. 그런 이기붕으로선 이승만 대통령이 물러났다는 것은 자신이 부정부패로 처벌받는 것을 막아 줄 보호막이 사라진 것이나 마찬가지였죠. 즉, 이승만 대통령의 하야가 이기붕에게는 자신이 처벌받게 된다는 뜻으로 인지되었을 겁니다. 워낙 잘못한 게 많으니 처벌을 받는다는 게 끔찍한 일이었겠죠. 그래서 자신과 가족 모두 권총 자살로 생을 마감했습니다.

그리고 자유당 역시 붕괴되었습니다. 자유당은 이승만 정권과 함께 권력의 핵심에 있었지만, 사실 자유당은 이승만 대통령과 공권력에 의존했던 정치 집단에 불과했어요. 따라서 이승만 대통령이 물러나자 더 이상의 구심점을 찾지 못한 채 무너지고 말았던 거죠.

▶이승만 대통령은 5월 29일 하와이로 망명을 떠났습니다. 계속

우리나라에 머물다가는 국민들의 원성에 못 이겨 더 큰 화를 입을
수 있겠다고 판단했겠죠.

한민주 변호사　　우리나라 정치의 어두운 면을 그대로 보여 주는 사
건이네요. 잘 들었습니다. 원고의 증언처럼 피고와 자유당 정권은
국가의 권력 기관이라기보다는 정치적 이익 때문에 모인
이익 집단에 지나지 않았습니다. 거리로 뛰쳐나올 수밖에
없었던 국민들의 아픔을 피고가 알았으면 좋겠습니다. 이
상으로 발언을 마치겠습니다.

판사　　피고 측 변호인, 발언해 주십시오.

교과서에는

▶ 이승만은 대통령직에서
물러난 후, 5월 29일 미국
으로 망명하였습니다.

이나라 변호사　당시 상황을 좀 더 자세히 알아보기 위해 자유당의 부통령 후보였던 이기붕 씨를 증인으로 모시고 싶습니다.

판사　좋습니다. 이기붕 씨는 증인석으로 나와 주십시오.

'이기붕'이라는 이름에 방청석이 술렁였다. 이승만 정권의 부패의 상징이자 일가족 자살로 불행하게 생을 마감한 이기붕이 재판에 나오리라고는 생각지도 못한 일이었기 때문이다. 방청객들이 쑥덕이는 가운데 이기붕이 법정으로 들어섰다.

이기붕　저는 신성한 재판의 증인으로서 진실만을 말하겠습니다. 만약 거짓 증언을 할 경우 위증죄로 처벌받겠습니다.

이나라 변호사　4·19 혁명 당시 정부에 대한 국민들의 불만이 대단했던 것 같은데요, 정부는 그 상황을 어떻게 해결하려 했나요?

이기붕　당시 정부에서도 부정 선거의 책임을 지고 국민들이 납득할 수 있는 해결책을 내놓아야 한다는 점에서는 의견의 일치를 보았습니다. 하지만 그 구체적인 방법을 두고 의견이 엇갈렸지요. 국민들의 요구대로 이승만 대통령이 사임하는 방법과, 이승만 대통령은 사과만 하고 다른 사람을 문책하는 방법을 두고 갈등했어요. 이에 대해 자유당에서는 이승만 대통령이 사임할 경우 당의 존폐를 장담할 수 없기에 이승만 대통령만은 자리를 지키기로 결정했습니다. 어차피 이승만 대통령은 부정 선거가 아니어도 당선될 후보였기에, 물러나지 않아도 국민들이 이해할 거라고 판단했던 거지요.

하지만 저는 달랐습니다. 당시 제가 장면 후보에게 밀리고 있었고 대대적인 부정 선거도 결국 저 때문에 이루어진 것이므로, 누군가 책임을 져야 한다면 그 일차적 책임은 제가 져야 한다는 게 당의 생각이었어요. 이에 저는 부정 선거의 책임을 지고 정치 일선에서 물러나게 되었습니다.

이나라 변호사 증인은 당에서 내린 결정에 순순히 승복했나요?

이기붕 물론 억울하다고 생각한 면도 없지 않았습니다. 부정 선거가 모두 제 책임이 아닌데 제가 희생양이 돼야 한다고 생각하니 슬프기도 하더라고요. 하지만 저의 정치 은퇴로 모든 게 제자리를 잡을 수 있다면 어떤 불이익도 감수하겠다고 생각했습니다.

그런데 제가 사임했음에도 국민들의 분노는 가라앉지 않았어요. 오히려 제가 물러난 뒤 제 과거사가 대대적으로 보도되면서, 저는 마치 부정부패를 저지르기 위해 살았던 사람처럼 내몰렸지요. 분위기가 이렇게 흘러가자 저는 무척 괴로웠습니다. 부정 선거의 오명과 그로 인한 정치 은퇴도 힘든 일인데, 제 과거사를 들먹이며 저를 국가적 도둑으로 몰자 괜히 정치에서 물러났다고 후회되기도 했습니다.

이나라 변호사 심적으로 많이 힘들었겠네요. 피고에 대한 원망은 없었습니까?

이기붕 저도 인간인지라 이승만 대통령에 대해 서운한 마음도 들더라고요. 하지만 그보다는 저를 자극하는 여론과 국민의 멸시가 더 힘들었습니다. 이승만 대통령이라도 자신의 자리를 지켜서 저를 힘들게 하는 여론을 잠재워 주기를 바랐지요. 그러나 이승만 대통령은 국민의 저항을 이기지 못하고 결국 대통령 자리에서 물러나게 되었습니다. 그런 일까지 벌어지자 저는 더욱 절망하게 되었어요. 이제는 기댈 곳도 없고, 저를 둘러싼 나쁜 여론은 더욱 불어날 게 뻔했지요. 결국 저는 그런 분위기를 이기지 못하고 자살하게 되었습니다. 저뿐 아니라 가족 모두와 함께.

이나라 변호사　　안타깝네요. 결국 비극적인 최후를 맞이하셨는데요. 증인에게 4·19 혁명은 어떤 의미를 지닌 사건입니까?

이기붕　　4·19 혁명은 위대한 시민 혁명임에 틀림없습니다. 저도 그 사실은 인정합니다. 하지만 4·19 혁명은 자칫 우리나라를 위험에 빠뜨릴 수도 있는 위험한 사건이었습니다. 시민들은 흥분해 있었고 그 감정은 제어될 가능성이 보이지 않았어요. 정부는 계엄령 선포로 시민들의 시위를 제압하려 했으나, 이미 불만이 가득한 사람들은 계엄령에도 굴복하지 않았지요. 이렇듯 정부와 시민이 팽팽하게 대립하던 당시 상황은 일반 사람들이 생각하는 것보다 훨씬 더 위험했어요. 그 상황을 안전하게 바꾸기 위해 저를 비롯한 정치인이 결단을 내린 것입니다. 정치에서 은퇴함으로써 시위와 폭동을 막으려는 결단. 즉, 제가 바라보는 4·19 혁명의 가장 큰 의미는, 시민에 의한 정치 혁명이라기보다는 정치인들이 국가의 안전을 위해 스스로 은퇴하기로 결단을 내린 점입니다.

　　4·19 혁명에 대한 이기붕의 색다른 해석이 나오자 방청석에서는 야유가 터졌다. 그도 그럴 것이, 방청객의 상당수가 4·19 혁명 당시

피해자와 그 가족들이기에, 정치인의 입장에서 해석한 이기붕의 발언이 마뜩할 리 없었다.

이나라 변호사　　그간 우리는 4·19 혁명을 시민들의 입장에서만 봐왔습니다. 물론 4·19 혁명은 시민이 일으킨 정치 혁명입니다. 하지만 그 가운데 서 있는 정치인들의 고뇌와 결단 역시 중요했다는 점은 지금까지 알지 못했지요. 4·19 혁명에서 정치인들이 주인공이란 얘기는 결코 아닙니다. 그들은 분명 조연이었고 엑스트라였어요. 하지만 그들의 역할 역시 중요했다는 점을 기억해 주시기 바랍니다.

증인 신문을 마치겠습니다.

판사   증인은 돌아가셔도 좋습니다.

이상으로 4·19 혁명 결과 이승만, 이기붕 후보와 자유당 정권이
어떻게 되었는지에 대해 살펴보았습니다.

2

제2공화국 출범으로 성립한 장면 정부

판사   4·19 혁명으로 이승만 정권이 물러나고 새로운 정부가 들어서게 됩니다. 과연 그 정부는 어떤 형태였고 어떻게 운영되었는지 궁금한데요. 이에 대해 먼저 원고 측 발언을 들어 보겠습니다.

한민주 변호사   4·19 혁명을 통해 국민들이 원했던 것은 민주적인 새 정부를 세우는 일이었습니다. 결국 피고가 물러난 후 새로운 정부가 들어서게 되는데요, 이에 대한 증언을 위해 윤보선 전 대통령을 증인으로 신청합니다.

판사   증인은 증인석으로 나와 주세요.

윤보선   신성한 재판의 증인으로서 진실만을 말할 것을 약속하며 만약 거짓 증언을 할 경우 처벌받겠습니다.

저는 초대 서울특별시장과 상공부 장관, 그리고 제3대, 제4대 국

부정 축재자
부정한 방법으로 재산을 모은
사람을 말합니다.

회 의원을 지냈어요. 1960년 4·19 혁명 뒤 바뀐 헌법에 따라 치러진 대통령 선거에서 제4대 대통령에 선출되었으나, 1961년 5·16 군사 정변으로 인하여 1962년에 사임하였지요.

한민주 변호사　4·19 혁명이 발생하여 피고가 물러난 후 정치에 구심점이 없어 혼란에 빠졌을 것 같은데요, 그 당시의 정치적 상황에 대해 설명해 주시겠습니까?

윤보선　▶이승만 정권이 무너진 후 당시 외무부 장관이었던 허정에 의해 과도 정부가 수립되었습니다. 원래 허정은 이승만 대통령의 요청으로 외무부 장관이 되었던 터라, 이승만 사임 후 권력 기반이 흔들릴 수밖에 없었습니다. 또한 허정과 이승만의 친분 때문에 4·19 혁명에서 요구하던 정치적·사회적 변화도 있을 수 없었죠. 허정 과도 정부는 대외적·대내적 측면에서 이전 이승만 정권의 정책을 그대로 수용하는 쪽으로 방향을 잡았습니다.

　하지만 국민들은 허정 과도 정부에게 전직 자유당 관리들이나 부정 축재자를 처벌해 달라는 요구를 하고 있었죠. 어쩔 수 없이 부정 축재자를 처벌하겠다는 방침을 세웠으나, 경찰의 몇몇 간부들만 해고했을 뿐 실질적인 해결은 하지 못했습니다. 즉, 허정 과도 정부는 비혁명적 방법으로 그간 축적된 정치 문제를 해결하려 했으나, 그것은 당시 국민들의 요구와 상충하기에 정치는 갈피를 못 잡고 혼란에 빠졌습니다.

　다만 한 가지, 허정 과도 정부가 자유당을 해체시킨 건

교과서에는

▶ 이승만이 이끄는 자유당 정권이 무너지자, 과도 정부가 성립되어 사태 수습에 나섰습니다.

대한민국 정치 발전에 기여한 점이지요. 이승만 대통령의 하야 이후 자유당은 오합지졸 집단으로 몰락했으나, 그 가운데에는 여전히 정치권에 남아 자신의 이익을 챙기려는 자들이 있었지요. 하지만 허정 과도 정부는 과감하게 자유당을 해체시킴으로써 다시는 자유당에 기대어 부패를 저지르는 자들이 없게끔 했습니다.

한민주 변호사   허정 정부는 과도 정부라고 하셨는데요, 언제까지나 과도 정부를 유지할 수는 없지 않습니까? 이후 정부는 어떻게 형성되었나요?

윤보선   허정 과도 정부는 1960년 6월 15일 개헌을 통해 우리나라 정부 형태를 대통령제가 아닌 의원 내각제로 바꾸기로 했습니다.

한민주 변호사   대통령제와 의원 내각제의 차이점이 무엇인지 간단히 설명해 주시겠습니까?

윤보선   대통령제는 말 그대로 정부의 정책을 대통령이 수행하는 제도입니다. 즉, 국가의 대표자이자 정치의 대표자가 대통령이 되는 거죠. 하지만 의원 내각제에서는 정책을 대통령이 아닌 총리가 수행합니다. 총리는 선거에서 가장 많은 국회 의원을 당선시킨 당의 대표가 맡는 게 보통입니다. 따라서 의원 내각제에서는 국회 의원 선거에서 어느 당이 다수당이 되느냐에 따라 총리도 바뀌고 정책도 달라질 수 있기에 독재 정치가 발생할 가능성이 매우 적지요.

한민주 변호사   그럼 4·19 혁명이 끝난 후 의원 내각제를 선택한 건 피고가 행한 12년간의 독재 정치에 대한 반발 때문이었겠군요?

윤보선   물론입니다. 당시 정치인들과 국민들은 이승만의 독재 정

의원 내각제에서 대통령인 저는 국가를 대표하는 상징적 존재라고 할 수 있었죠.

국무총리인 저는 정치를 운영해 나가는 실질적인 책임자였습니다.

치에 신물을 느끼고 있었고 또 다른 독재가 발생할까 봐 두려워하고 있었습니다. 그래서 독재가 발생하지 않게 의원 내각제로 정부 형태를 바꾼 것입니다. 그렇게 바뀐 정부에서는 장면이 총리가 되어 정치를 책임졌고, 대통령이 된 저는 국가의 대표로서 대외 활동에 주력하게 되었습니다.

한민주 변호사   4·19 혁명 직후 만들어진 정부라 국민들의 기대도 크고 요구 사항도 많았을 텐데요, 정치 하기가 쉽지 않았을 것 같습니다. 어땠나요?

윤보선　　변호사님 말씀대로입니다. 이승만 독재에서 벗어난 국민들은 저마다 정부에 자신들의 요구 사항을 전달했는데, 그 모든 것을 해내기에는 아직 정부가 성숙도나 힘이 부족한 상황이었어요.

한민주 변호사　　구체적으로 어떤 요구들이 있었고 어떤 정책들을 수행했는지 말씀해 주시겠습니까?

윤보선　　당시 국민들의 요구는 크게 민주화 요구와 통일 운동으로 나눌 수 있습니다. 먼저 민주화 요구 내용을 보면, 국민들이 가장 크게 원했던 것은 3·15 부정 선거의 책임자와 이승만 정권하에서 재산을 부정 축재한 자들의 처벌이었습니다. 또한 그간 정부 통제에 묶여 있던 언론의 활성화, 노동자 권익 개선, 의사 수렴에서 민주적 절차 확립 등, 사회 각계각층에서 민주화 요구가 쏟아졌어요. 이런 민주화 요구를 관철시키기 위해 노동계와 청년, 학생들의 민주화 운동이 전개되는 바람에 얼핏 보기에 사회는 혼란에 빠진 듯도 했습니다.

▶그리고 당시는 분단된 지 12년, 6·25 전쟁이 발생한 지 10년밖에 지나지 않아 북에 가족과 친지를 두고 온 사람들의 한이 생생하던 시기였기에 통일에 대한 열망이 굉장히 컸습니다. 문제는 공산주의인 북한과 어떻게 통일을 이루느냐 하는 것인데, 이를 두고 중립화 통일론, 남북 협상론 등을 내세우며 평화 통일을 주장하는 세력이 많았습니다.

그리고 국민들의 민주화 및 통일 요구와 무관하게 정부에서는 경제 제일주의를 내세워 우리나라의 경제 발전을 위해 노력하였습니다. 당시 우리나라는 지금으로서는 상

교과서에는

▶ 이승만의 반공 정책으로 억압되었던 평화 통일 운동이 분출하게 됩니다. 학생들은 "가자 북으로, 오라 남으로"와 같은 구호를 내세우며 남북 학생 회담을 주장하였지요.

상조차 할 수 없을 만큼 경제적으로 열악해서 북한보다도 뒤처져 있었지요. 따라서 일단 경제를 살려 국민들의 기본적인 생활을 보장해 주는 것을 최우선 과제로 삼은 것입니다.

한민주 변호사 말만 듣고 있어도 할 일이 굉장히 많아 보이는데요, 그 모든 것을 수행하는 게 쉽지 않았을 것 같습니다. 실제로는 어땠나요?

윤보선 실제로 상당히 어려웠습니다. ▶당시 정권을 잡은 민주당은 여당으로서 활동해 본 적이 없었던 데다가 각계각층의 요구를 모두 수용하기에는 소극적이었습니다. 다시 말해, 아주 긴 시간이 주어져야만 그 일들을 할 수 있었던 거죠. 하지만 사람들의 바람과 희망은 매우 급했습니다. 이승만이 물러났으니 지금 당장 나라가 달라질 거라고 기대하는 국민들에게 정부의 대처는 답답해 보였을 겁니다.

게다가 정치가 안정되지 않은 상태에서 지속적으로 발생하는 통일 운동은 정부의 존립을 위협했지요. 아직 정책 방향을 제대로 잡지 못해 흔들리는 정부를 향해 당장 통일을 하라고 외치는 사람들의 소리는, 자칫 북한에게 정부를 내주라는 의미로조차 들리기도 했습니다. 그래서 상당히 많은 정치인들이 북한과의 협상에 대해 부정적인 견해를 보이기도 했죠.

한민주 변호사 그렇게 소극적으로 정치를 하면 국민들이 상당히 실망할 것 같은데요?

윤보선 실제로 장면 내각에 실망하는 국민들이 많았습니다. 국민들의 요구와 바람을 정부에서 모르는 것은 아니

었지만, 일에는 순서가 있기에 그 모든 요구를 당장 들어
줄 수는 없었어요. 그럼에도 불구하고 국민들은 급격한 변
화를 기대했죠. 결국 국민들의 기대와 정부 능력의 괴리
속에서 사회는 점점 더 혼란해져 갔습니다. 하지만 이것은
어느 나라에나 있는 과도기의 모습입니다. 이러한 혼란과 갈등을 발
전 과정으로 이해하지 못한 사람들도 있었고, 그들 중 일부는 새로
들어선 장면 내각을 무너뜨리고 새로운 정부를 만들고 싶어 했지요.
▶그들이 바로 5·16 군사 정변을 일으킨 박정희를 비롯한 군인들이
었습니다.

한민주 변호사   증인의 말을 듣다 보니 정말 가슴이 아프고 안타깝
군요. 지금까지 4·19 혁명 이후 정치 상황에 대해 알아보았습니다.
증인 신문을 마칩니다.

판사   이제 피고 측 발언을 듣겠습니다.

이나라 변호사   당시 과도 정부 수반이었던 허정 씨를 증인으로 모
시겠습니다.

판사   증인은 나와서 선서해 주십시오.

허정   저는 증인으로서 진실만을 말할 것을 선서합니다.
거짓을 진술할 경우 위증죄로 처벌받겠습니다.

이나라 변호사   4·19 혁명이 끝난 후 대한민국의 정치는
어떠했습니까?

허정   한마디로 혼란과 무질서의 연속이었습니다. 4·19
혁명 뒤에 정권을 잡은 민주당은 이승만 정권과는 다른 정

수반
행정부의 가장 높은 자리에 있
는 사람으로 '우두머리'로 바꾸
어 쓸 수 있는 말입니다.

교과서에는

▶ 1961년 평화 통일 운동
과 군비 축소 계획에 불만을
품은 일부 군인들이 5·16
군사 정변을 일으켜 정권을
잡게 됩니다.

치를 하겠다고 선언했지만, 장면 정권은 국민들의 요구를 수용할 의지도 능력도 부족했습니다. 결국 제대로 된 정책은 아무것도 수행하지 못한 채 정치를 마감했죠.

이나라 변호사　　민주당은 야당으로 지내는 동안 국민들의 요구 사항을 받아들여야 한다고 주장했는데요, 왜 정권을 잡은 뒤에는 정책 수행을 제대로 하지 못한 거죠?

허정　　국민들의 요구는 굉장히 많고 복잡합니다. 생각처럼 쉽게 들어줄 수 있는 게 아니에요. ▶게다가 당시 민주당은 당내 분열과 대립으로 정치적 안정을 이루지 못하고 있었습니다.

이나라 변호사　　당내 분열과 대립이라뇨? 자세히 설명해 주시겠습니까?

허정　　당시 총리는 장면, 대통령은 윤보선으로 둘 다 민주당 소속이었습니다. 하지만 민주당 내에서 두 사람을 지지하는 무리가 달랐어요. 결국 민주당은 장면 지지파와 윤보선 지지파로 나뉘었습니다. 사실 이런 상황에서는 카리스마 있는 지도자가 필요하죠. 분열은 어느 당에서나 발생할 수 있지만, 그런 때일수록 힘을 가진 지도자가 당원들을 통합하는 일이 중요합니다. 하지만 장면도 윤보선도 그 일을 해내지 못했어요.

이나라 변호사　　그렇게 당이 분열되어 있으니 정책 수행을 제대로 하지 못한 거군요?

허정　　그렇습니다. 장면 총리로 대표되는 민주당 정권은 국민들의 요구를 제대로 수용하지 못했을 뿐만 아니라, 약

교과서에는

▶ 집권당인 민주당은 대통령과 총리를 중심으로 분열, 대립하였습니다.

속했던 4·19 혁명 정신 계승과 과거 정치 청산도 기대만큼 해내지
못했어요. 국민의 요구를 수용하기는커녕 소극적인 정책으로 사회
불안과 혼란만 가중시켰지요. 또한 평화 통일을 주장하는 통일 운동
에 대해 부정적 태도를 취함으로써 국민들에게 실망을 안
기기도 했습니다. ▶4·19 혁명의 성공 이후 안정돼야 할 정
치가 오히려 더 혼란해진 것입니다.

이나라 변호사　　그런 혼란의 책임은 누구에게 있다고 생
각하십니까?

교과서에는

▶ 민주당의 분열로 정치적
안정이 이루어지지 못했고,
계속되는 시위로 사회 혼란
이 지속되었습니다.

허정　글쎄요. 책임이 누구에게 있느냐 하는 점은 사람마다 다르게 생각하지 않겠습니까? 다만 안타까운 것은, 그런 위기 상황을 극복할 수 있는 지도력이 없었다는 점이지요. 혼란한 시기에 우유부단한 지도자는 국민들의 안정된 생활에 도움을 주지 못합니다. 그 사실을 당시 정치인들이 미처 알지 못했던 것이 문제라면 문제일 수 있겠죠. 혼란은 극복하지 못하고 지도력은 부재했기에 결국 제2공화국이 무너지고 5·16 군사 정변이 일어났다고 할 수 있습니다.

이나라 변호사　잘 들었습니다. 증인 신문을 마치겠습니다.

판사　지금까지 원고 측과 피고 측 증인 발언을 통해 4·19 혁명 이후 형성된 제2공화국의 정치에 대해 알아보았습니다.

4·19 혁명의 의의와 한계

③

판사 　4·19 혁명은 시민들에 의한 민주주의의 요구에서 발생한 혁명입니다. 그럼 과연 4·19 혁명에서 요구한 민주주의는 잘 수용되었는지, 수용되지 못한 점이 있다면 무엇이었는지 알아보겠습니다. 먼저 원고 측 변호인, 발언해 주십시오.

한민주 변호사 　4·19 혁명은 단순히 피고의 사임을 요구한 혁명이 아닙니다. 4·19 혁명은 이승만 독재 정권에 대한 항거로서, 정치의 중심은 특정 정치인이 아닌 국민에게 있음을 일깨워 준 사건이지요. 당시 국민들이 민주주의의 의미나 민주 정치의 요소에 대해 잘 알고 있었던 것은 아니지만 독재로 인한 피해가 어떻다는 것은 잘 알았기에, 국민을 위한 정치가 이루어졌으면 하는 바람이 모여 4·19 혁명으로 이어졌다고 할 수 있습니다.

4·19 혁명의 진짜 의미가 무엇이었는지 원고인 장면 씨의 의견을 들어 보겠습니다.

장면　4·19 혁명은 시민들 스스로 독재 정치를 마감했다는 점에서 그 자체로 의의가 충분합니다. 물론 정치에 대해 정확히 모르는 국민들에 의해 전개된 혁명이다 보니 분명 한계가 있지만, 그렇다고 4·19 혁명의 의미가 퇴색하지는 않습니다.

　4·19 혁명으로 정치 지도자들은 더 이상 국민들의 요구를 묵살하지 못하게 되었습니다. 국민들의 말에 귀 기울이지 않았던 이승만 정권의 최후를 목격했기 때문이지요. 또한 정치를 부정 축재 수단으로 삼았던 사람들에게 일침을 가함으로써 그런 자들이 정치에 발붙이는 것을 일정 부분 막을 수 있었어요. 물론 그런 파렴치한 정치인들이 모두 사라진 것은 아니지만, 이승만 정권의 자유당처럼 재산 축적의 방법으로 정치를 하는 사람들은 4·19 혁명 이후에 크게 줄어들었습니다. 이러한 정치 발전을 볼 때 4·19 혁명은 대한민국의 민주주의 발전에 큰 기여를 한 사건임에 틀림없습니다.

한민주 변호사　원고의 말을 들으니 4·19 혁명이 정말 대단한 혁명이었다는 생각을 새삼 하게 되는군요. 하지만 많은 사람들은 4·19 혁명 이후 정치적 혼란이 이어지면서 4·19 혁명의 민주주의적 내용이 퇴색했다고 이야기합니다. 이에 대해서는 어떻게 생각하시나요?

장면　4·19 혁명은 분명 의미 있는 민주 혁명이지만, 아쉬운 점이 없지는 않아요. 한 변호사님 말처럼 혁명 이후 국민들이 원했던 민주 정치가 제대로 수용되지 못한 것은 분명합니다. 그리고 그 책임이 상당 부분 제게 있음을 인정합니다. 당시 우리나라의 정치 상황은 의원 내각제를 하기에는 무리가 있었다는 게 많은 사람들의 평가예요. 하지만 4·19 혁명 이후 사람들은 의원 내각제를 원했습니다. 바로 이승만 대통령 때문이었죠. 이승만 대통령의 독재에 질린 사람들은 또다시 누군가가 대통령이 되었다가 이승만처럼 독재를 할까 봐 아예 그런 일이 발생하지 못하도록 제도를 바꾸고 싶어 했고, 그래서 선택한 것이 의원 내각제였습니다. 그리고 이승만 대통령도 물러나면서 우리나라 정치 형태를 대통령제에서 의원 내각제로 바꾸겠다고 발표하기도 했고요. 결국 의원 내각제를 실시하게 된 가장 큰 이유가 이승만 대통령인데, 많은 정치인들이 의원 내각제에 적응하지 못한 터라 정치는 결국 큰 혼란에 빠졌습니다. 저 역시 적응하지 못해 정치를 제대로 해내지 못했고요.

한민주 변호사   많은 사람들이 제2공화국의 실패 요인으로 섣부른 의원 내각제를 지적하는데, 사실 그 원인을 제공한 사람이 피고였군요.

장면   그런 셈이죠. 물론 의원 내각제를 한다고 무조건 실패하지는 않습니다. 다만 당시 상황에서는 민주 정치를 정착시키고 국민들의 요구를 수용하기까지 많은 시간과 노력이 필요했습니다.

하지만 이때 민주주의의 발전을 가로막는 안타까운 사건이 벌어졌지요. 바로 5·16 군사 정변입니다. 이 군사 정변이 없었더라면 우리나라 정치는 훨씬 빠른 속도로 민주주의화되었을 겁니다. 하지만 군사 정변으로 그 기회가 사라지게 되었죠.

한민주 변호사   마지막으로, 이승만 정권이 한국 정치 역사에 끼친 영향은 무엇이라고 생각하십니까?

장면   국민들의 힘으로 이승만의 독재 정치는 끝냈지만, 이승만 대통령이 저질렀던 불법과 편법을 이용하는 정치 문화는 우리나라 정치에서 전통 아닌 전통이 되었습니다. 즉 이후에 등장하는 정치인들도 법을 지키거나 국민과의 약속을 지키기보다는 힘을 이용하여 정치를 자기 멋대로 하기 일쑤였죠. 그 결과 독재가 이어지고 무고한 사람들이 죽는 일이 되풀이되었습니다. 이렇듯 민주주의가 정착하지 못한 데에는 이승만 정권이 첫 단추를 잘못 끼운 책임이 크다고 할 수 있어요.

한민주 변호사   잘 들었습니다.

지금까지 우리는 4·19 혁명의 의미와 그 이후 한국 정치 문화에 대해 살펴보았습니다. 4·19 혁명은 순수하게 시민의 힘으로 정치를 바꾼 위대한 혁명입니다. 비록 5·16 군사 정변으로 우리나라 정치가 왜곡되고 이후 박정희 정권의 독재와 장기 집권이 이어지면서 4·19 혁명의 의미가 잠시 빛을 잃기는 했지만, 4·19 혁명이 이루어 놓은 민주주의의 열망과 혁명 정신은 지금까지도 살아 숨 쉬고 있습니다. 국민들이 자신의 목숨을 내놓으면서까지 지키려 했던 4·19 혁명의 정신을 최종 판결 시 꼭 기억해 주시기 바랍니다.

판사   피고 측은 4·19 혁명을 어떻게 평가하는지 들어 보겠습니다.

이나라 변호사   4·19 혁명이 우리나라 정치 역사에서 큰 획을 그었던 것은 확실합니다. 정치를 함에 있어 국민의 뜻이 얼마나 중요한

왜 4·19 혁명이 발생했을까?

가를 일깨워 준 사건이기도 하고요. 이 점에 대한 피고의 생각을 들어 보겠습니다.

이승만　4·19 혁명이 위대한 시민 혁명이었다는 점은 저도 부인하지 않습니다. 다만, 시민에 의한 혁명은 정권에 반대하는 측면에서는 힘을 극대화시킬 수 있지만 조직화된 혁명의 지도력을 가지지 못한다는 점에서 일정한 한계를 지니고 있습니다. 4·19 혁명 역시 저를 대통령 자리에서 물러나게 하는 데에는 성공했지만 그 이후 정치에 대해서는 구상하지 못하고 있었지요. 따라서 어쩔 수 없이 당시 유일한 정치 세력인 민주당에게 정치를 맡겼지만 원하는 결과를 얻지는 못했습니다. 결국 4·19 혁명은 완성되지 못한 혁명이었던 거지요.

이나라 변호사　원고 측은 4·19 혁명 이후의 잘못된 정치 문화 형성에 피고가 원인 제공을 했다고 하는데요, 이 점에 대한 피고의 생각은 어떻습니까?

이승만　근거 없는 얘기라고 생각합니다. 제가 법을 바꿔 장기 집권을 했던 것은 사실이지만, 그건 당시의 시대 상황과 국민들의 요구를 받아들인 어쩔 수 없는 선택이었습니다. 이런 제 주장이 맞다는 것은 4·19 혁명이 끝난 이후 정치 상황만 보더라도 알 수 있습니다. 제가 없는 정치, 어땠습니까? 모두들 제가 대통령 자리에서 물러나면 금세 민주주의가 이루어질 것처럼 생각했지만 실상은 그렇지 않았습니다. 오히려 사회는 혼란해지고 정책의 부재 속에 쿠데타가 발생했습니다. 그것이 제 책임이라고요? 그건 억지입니다. ▶제가 물

러난 뒤 독재 정치가 나타난 것은 저도 안타깝게 생각하지만, 그것
이 저의 장기 집권 때문이라고 생각하지는 않습니다.

이나라 변호사   잘 들었습니다. 4·19 혁명은 혁명 자체만 봤을 때
위대한 시민 혁명임에 틀림없습니다. 하지만 이후 지도력 부재와 정
치 구상의 한계를 드러내며 4·19 혁명은 미완의 혁명으로 끝났습
니다. 독재 정치에 맞서 혁명을 일으키기는 했지만, 어떤 정책을 펼
쳐야 민주주의가 잘 보장될지, 어떻게 정치해야 혼란이 발생하지 않
을지에 대해선 전혀 생각하지 못하고 있었지요. 그 결과 4·19 혁명
으로 민주주의가 더 잘 보장되었다는 결론을 내리기에는 무리가 따
릅니다. 이는 당시 상황에서 민주 정치를 하기가 얼마나 어려웠는지
보여 주는 것으로서, 당시에는 혼란한 민주주의보다 안정적인 독재
가 더 필요했음을 반증합니다. 최종 판결을 내릴 때 이 점을 꼭 기억
해 주시기 바랍니다.

판사   모두 수고 많으셨습니다. 이상으로 4·19 혁명에 대한 재판
을 마무리하겠습니다. 4·19 혁명은 우리나라의 자랑스러
운 시민 혁명이자 정치 역사를 바꾼 위대한 사건입니다.
하지만 4·19 혁명의 원인과 결과, 한국 정치에 끼친 영향
에 대해서는 원고와 피고 측 주장이 상반되었습니다. 재판
중에 나온 원고와 피고, 증인들의 진술은 모두 최종 판결
에 반영될 것입니다. 잠시 휴정한 뒤 원고와 피고의 최후
진술을 듣고 재판을 마치겠습니다.

미국의 경제 원조

1950년에 일어난 6·25 전쟁으로 우리나라 경제는 심각한 타격을 입었습니다. 도로, 철도 등 교통 시설이 파괴되었고, 제조업에 필요한 공장 등 생산 시설의 절반이 파괴되었습니다. 이런 상황이다 보니 식량과 생필품이 부족해 국민들은 기본 생활조차 유지할 수 없었는데요, 이때 이루어진 것이 미국의 경제 원조입니다. 경제 원조란 경제적으로 필요한 물자를 돈을 받지 않고 그냥 주는 것으로, 당시 미국은 주로 식료품, 농업 용품, 옷, 의료품 등 소비재와 면방직, 제당(설탕), 제분(밀가루) 공업의 원료를 주로 원조하였습니다.

미국의 원조로 식량과 생활 필수품이 대량 공급되어 물자 부족이 해소되었고 소비재 공업도 성장하였습니다. 그러나 밀이나 면화 같은 농산물 원조로 인해 농촌 경제는 타격을 입었고, 이후 우리나라에서는 밀, 면화 농사를 짓는 농가가 대부분 사라졌습니다.

미국의 경제 원조로 우리나라는 당장의 위기는 극복했으나, 1950년대 후반에 원조가 차관(자금을 빌려 오는 것을 말하며, 차관으로 받은 것은 이자를 더해 갚아야 합니다)으로 전환되면서 또 다른 어려움을 겪게 되었습니다. 즉, 공장의 가동률이 떨어지면서 많은 중소기업이 파산했으며, 서민의 생활은 어려워졌습니다.

5·16 군사 정변

1961년 5월 16일에 박정희 소장 주도로 육군 사관 학교 8기생 출신의 일부 군인들이 제2공화국의 장면 정부를 무너뜨리고 정권을 장악한 사건입니다.

1961년 5월 16일 새벽, 2군 부사령관 박정희 소장 주도로 장교 250여 명과 사병 3500여 명의 쿠데타 세력이 한강을 건너 수도의 주요 기관들을 점령하면서 국가 권력을 장악해 나갔습니다. 이들은 '군사 혁명 위원회'를 조직하여 이 위원회가 입법권·사법권·행정권의 3권을 통합·장악한다고 선언하였고, 이날 새벽 '군사 혁명'이 성공했다고 발표했습니다.

미국 정부가 이 쿠데타를 지지한다고 발표하면서 장면 내각은 총사퇴하였고, 대통령 윤보선은 군사 정변을 인정하였습니다. 이어 이들은 '군사 혁명 위원회'를 '국가 재건 최고 회의'로 개칭하고 군정 통치를 시작하였습니다. 군정 통치는 1963년 선거를 통해 제3공화국이 수립될 때까지 지속되었습니다.

다알지 기자

이제 대부분의 재판 일정이 끝나고 최후 진술만 남겨 놓은 상태인데요, 재판 중에 묘하게 닮은 점이 있는 두 분을 이 자리에 모셨습니다. 바로 장면 씨와 이기붕 씨입니다. 두 분은 선거를 통해 부통령으로 당선되었다는 점 외에도, 당선 직후 생명의 위기를 맞았다는 점에서 공통점이 있습니다. 물론 그 결과는 전혀 달랐지만요. 현재 대한민국에는 부통령이 없기에 요즘 학생들에게 부통령이란 명칭은 낯설게 들릴 텐데요, 부통령의 역할에 대해 두 분의 의견을 듣고 싶습니다.

장면

　　　　　　　　저는 국민들의 직접 선거를 통해 1956년
　　　　　에 부통령으로 당선되었습니다. 사실 우리나
　　　라에서 부통령의 역할은 크지 않았어요. 대통령이
자리를 비우거나 유고 시에 부통령이 대통령을 대신해서 통치해야 하
지만, 사실 그런 일은 별로 발생하지 않지요. 하지만 부통령이란 존재
가 대통령에게 부담이 되는 건 사실이었습니다. 그것을 입증하는 사건
이 저를 암살하려던 저격 사건이었지요. 제가 부통령으로 당선된 1956
년 9월 민주당 전당 대회에서 저는 저격을 당했습니다. 다행히 가벼
운 부상에 그쳤지만, 자칫 목숨을 잃을 뻔한 아찔한 사건이었죠. 자유
당에서 저지른 일이었는데요, 그럼 자유당은 왜 저를 죽이려고 했을까
요? 대통령인 이승만이 정치를 하는 데 있어 야당 부통령인 제가 신경
쓰이고 싫었던 거죠. 왜냐하면 제가 대통령의 정책을 견제할 수 있었
으니까요.

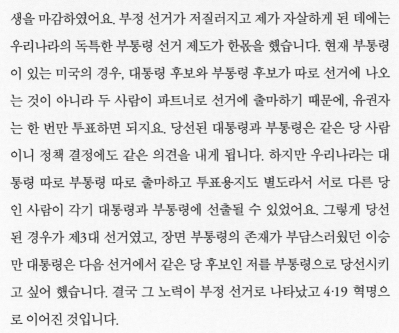

이기붕

　저는 1960년 선거에서 부통령으로 당
선되었으나 선거 무효가 선언되는 바람에
부통령이 되지는 못했습니다. 부정 선거의
책임을 지고 사퇴한 뒤로는 가족과 함께 자살로
생을 마감하였어요. 부정 선거가 저질러지고 제가 자살하게 된 데에는
우리나라의 독특한 부통령 선거 제도가 한몫을 했습니다. 현재 부통령
이 있는 미국의 경우, 대통령 후보와 부통령 후보가 따로 선거에 나오
는 것이 아니라 두 사람이 파트너로 선거에 출마하기 때문에, 유권자
는 한 번만 투표하면 되지요. 당선된 대통령과 부통령은 같은 당 사람
이니 정책 결정에도 같은 의견을 내게 됩니다. 하지만 우리나라는 대
통령 따로 부통령 따로 출마하고 투표용지도 별도라서 서로 다른 당
인 사람이 각기 대통령과 부통령에 선출될 수 있었어요. 그렇게 당선
된 경우가 제3대 선거였고, 장면 부통령의 존재가 부담스러웠던 이승
만 대통령은 다음 선거에서 같은 당 후보인 저를 부통령으로 당선시키
고 싶어 했습니다. 결국 그 노력이 부정 선거로 나타났고 4·19 혁명으
로 이어진 것입니다.

우리나라 민주주의의 더딘 발전은
이승만의 독재 때문이오

VS

당시 우리나라에는 혼란한 민주주의보다
안정적인 정치가 필요했소

판사 마지막으로 원고와 피고의 최후 진술을 듣겠습니다. 두 분의 진술은 이후 저와 배심원단이 최종 판결을 내릴 때 중요한 영향을 미치게 되니 신중하게 발언하시기 바랍니다. 먼저 원고 측에서 진술해 주십시오.

장면 존경하는 판사님과 배심원단 여러분! 우리는 그간 재판을 통해 4·19 혁명이라는 우리나라 정치 역사상 가장 큰 사건의 원인부터 결과까지 전 과정을 살펴보았습니다. 4·19 혁명은 시민의 손으로 정권을 바꾼 위대한 혁명이자 이승만 독재 정치의 비참한 최후를 보여 주는 사건으로 그 중요성에 대해서는 많은 사람들이 공감하고 있습니다. 하지만 여기서 우리가 기억해야 할 것이 있습니다. 4·19 혁명은 우리나라 정치 역사의 한 획을 긋는 위대한 사건이지만, 사실은 일어나지 않아도 되는 사건이었습니다. 만약 피고의 독재 정치가 없었더라면 말이죠.

피고의 정치력은 이미 그 전부터 문제를 드러내고 있었습니다. 피고의 독재하에서 국민들은 생필품 부족과 높은 실업률로 기초 생활마저 보장받지 못하며 고생하고 있었습니다. 하지만 피고와 자유당 정권은 그러한 국민들의 생활을 돌보기보다는 개인 재산을 축적하고 집권을 연장하는 데에만 관심을 쏟았습니다. 결국 제대로 된 정책이 부재한 가운데 피고의 장기 집권을 보장하는 개헌이 연이어 이루어졌는데요, 그것이 발췌 개헌과 사사오입 개헌이었습니다. 게다가 이승만 정권은 선거 때마다 금권 선거, 관권 선거를 일삼아 국민들의 혈세를 낭비했고, 그 결과 정권 유지에 성공하면 또다시 부정한 방법으로 재산 부풀리기에 총력을 기울였습니다.

이런 파렴치한 이승만 정권에 반발하여 일어난 것이 4·19 혁명입니다. 4·19 혁명은 단순히 3·15 부정 선거를 규탄하는 것도 아니고 김주열 학생의 죽음을 애도하기 위한 것도 아닙니다. 4·19 혁명은 이 모든 사건의 근본적인 원인이자 그릇된 정치의 원흉인 이승만 정권의 타도가 목적이었습니다. 그럼에도 불구하고 피고는 주변 사람들을 문책함으로써 4·19 혁명의 요구를 묵살하려 했지요. 즉, 마지막 순간까지도 자신의 잘못을 깨닫지 못하고 정권 유지를 위해 꼼수를 부렸던 것입니다.

하지만 국민들의 요구는 명백했습니다. 12년 동안 피고의 독재를 참아 온 국민들은 더 이상 피고를 용서할 수 없었고, 결국 피고를 대통령 자리에서 물러나게 하는 데 성공합니다. 하지만 그 승리의 뒤편에는 4·19 혁명으로 피해를 본 많은 사람들이 있었습니다. 그들은 피고의 독재 정치에 맞서 싸우다가 목숨을 잃었고 부상을 당했습니다. 그들의 희생은 고귀한 것이지만, 만약 피고가 좀 더 빨리 정신을 차리고 국민들의 목소리에 귀를 기울여 정치 일선에서 물러났더라면 발생하지 않아도 되는 희생이었습니다. 따라서 피고의 독재에 맞서다 치른 이 희생에 대해 피고는 책임을 져야 합니다.

또한 4·19 혁명은 끝났지만 민주주의를 위한 혁명은 완성되지 않았습니다. 4·19 혁명으로 독재가 무너지고 민주주의가 시작될 줄 알았지만 정치는 혼란에 빠졌고, 5·16 군사 정변 이후 우리나라의 정치는 또다시 박정희 독재라는 새로운 독재의 시기를 맞이했습니다. 그런데 박정희가 독재 정치를 편 과정은 피고에게 배우기라도 한 듯 비슷한 양상을 보였습니다. 모든 것이 그렇듯 정치 역시 연습이 필요하고 과정이 중요합니다. 하지만 우리나라는 피고가 보여 준 독재 정치로 인해 권력자의 힘을 가장 잘 보장해 줄 수 있는 정치가 독재로 인식되었고, 이후 박정희는 19년간이나 독재 정치를 했습니다. 또한 박정희가 죽은 뒤에는 박정희의 쿠데타를 답습하듯 12·12 군사 반란이 벌어졌고, 전두환의 신군부 독재가 뒤를 이었습니다.

이처럼 우리나라 정치 역사가 왜곡되고 민주주의와 멀어지게 된 데에는 피고가 만들어 놓은 정치 문화가 큰 몫을 차지합니다. 이에 저는 우리나라의 반민주적 정치 문화로 인한 손해 역시 피고가 일정 부분 책임져야 한다고 판단하여 피고에게 손해 배상을 요구하는 바

민주주의를 열망했던 무고한 국민들이 입은 피해와, 반민주적 정치 문화 형성에 대한 보상을 요구합니다.

당시 시대적 상황상 민주주의 실현보다 정치적 안정과 반공이 우리나라의 가장 큰 과제였습니다.

입니다.

판사   다음으로 피고의 최후 진술을 듣겠습니다.

이승만   많은 사람들이 정치 선진국으로 미국이나 영국을 이야기하고 그들의 정치를 본받고 싶어 합니다. 하지만 서구의 민주주의는 하루아침에 이루어진 것이 아닙니다. 즉, 그들 역시 여러 실패의 과정을 거치면서 오늘날 자신들 나라에 맞는 민주주의를 만든 것입니다. 제가 대통령이 되었을 당시 우리나라는 정치, 경제, 문화 등 모든 면에서 세계 최하위의 후진국이었습니다. 일제의 식민 지배에서 벗어난 지 얼마 안 되어 나라는 분열되었고 6·25 전쟁까지 겪었습니다. 어쩌면 당시 세계에서 가장 불행한 나라가 우리나라였을지도 모릅니다.

그런 시기에 대통령을 맡은 제가 할 수 있는 최선의 정치는 더 이상 우리나라가 다른 나라의 식민지가 되는 것을 막고 전쟁으로 인한 피해를 겪지 않게 하는 것이었습니다. 하지만 그것이 쉬운 일은 아니었습니다. 왜냐하면 우리나라는 북한과 대치하고 있었고 언제 북한이 쳐들어올지 모르는 상황이었기 때문입니다. 그런 상황에서는 민주주의보다는 강력한 통치력을 중심으로 국민이 하나로 뭉치는 것이 더 중요했습니다. 당시 우리나라에서 서양과 같은 민주주의를 실시했다면 나라는 어수선해져 혼란에 빠지고 정책은 갈피를 못잡아 우왕좌왕했을 것이며, 일해야 할 국민들은 거리로 나와 시위만했을 것입니다. 그 상황이 오래 지속되면 결국 우리는 북한의 침략을 받을 수밖에 없었을 거고요. 이것이 당시 상황입니다.

민주주의! 좋죠. 저는 오랫동안 미국에 살면서 공부했기 때문에 민주주의가 좋다는 것을 어느 누구보다 잘 알고 있습니다. 그런 제가 왜 장기 집권을 위해 노력했겠습니까? 바로 우리나라의 당시 상황이 민주주의보다는 안정된 정치를 필요로 했기 때문입니다. 저 말고도 많은 정치인들이 대통령이 되고 싶어 했던 건 압니다. 하지만 그들은 저보다 정치 기반이 약했습니다. 저보다 국민들에게 인지도도 낮았습니다. 대통령을 하고 싶다는 바람은 누구나 가질 수 있지만 대통령 업무는 아무나 수행할 수 없습니다. 당시 정치인들 가운데 저만큼 대통령직을 잘 수행할 수 있는 사람은 없었습니다. 그래서 저는 우리나라를 위해 장기 집권을 시도한 것입니다. 이를 두고 독재 정치를 일삼았고 독재로 인해 피해가 발생했으니 피해 보상을 하라는 것은 얼토당토않은 소리입니다.

당시 강력한 통치가 필요했음은 4·19 혁명 이후 들어선 제2공화국의 붕괴만 보아도 알 수 있습니다. 제가 떠난 자리에 들어선 장면 정부는 1년도 버티지 못한 채 무너지고 말았습니다. 물론 그 과정에서 5·16 군사 정변이 벌어진 것은 저도 안타깝게 생각하지만, 결국 어설픈 민주주의는 독재만 못하다는 것을 보여준 사건이었습니다. 저 때문에 우리나라의 정치 문화가 왜곡되었다고요? 절대로 그렇지 않습니다. 저는 당시 제가 할 수 있는 최선을 다했고, 제가 장기 집권을 했던 것은 당시 상황에서 최선의 선택이었습니다. 이 점 잊지 말아 주시기 바랍니다.

판사 잘 들었습니다. 이상으로 4·19 혁명에 대한 모든 재판을 마치겠습니다. 그동안 모두 수고하셨습니다. 배심원의 판결서는 4주 후에 저에게 전달될 예정입니다. 저는 이를 참고하여 4주 후에 판결문을 공개하겠습니다. 그때까지 방청객과 기자 여러분들도 각자 이 재판에 대한 판결을 내려 보시기 바랍니다.

땅, 땅, 땅!

역사공화국 한국사법정 재판 번호 57 장면 VS 이승만

주문

역사공화국 한국사법정은 원고 장면이 피고 이승만을 상대로 제기한 4·19 혁명의 피해 보상과 한국의 정치 문화 발전을 저해한 데 대한 손해 배상 청구를 인정한다. 단, 한국의 정치 문화 발전 저해에 대한 손해 배상은 추상적·정신적인 부분이므로 원고 일부 승소 판정한다.

판결 이유

원고 장면은 피고 이승만의 독재 때문에 4·19 혁명이 일어났으니 피고가 그 희생에 대해 피해 보상해야 한다고 주장했다. 또한 이후 대한민국 정치가 박정희 독재, 전두환 군사 정부까지 이어졌던 것은 초대 대통령이었던 피고의 불법적 정치 행태 때문이니 이에 대해 손해 배상하라고 청구했다. 이에 대해 피고는 강한 리더십으로 대통령직을 수행할 사람이 자신밖에 없었기에 법을 바꿔 가면서 장기 집권했다고 주장했다.

이에 대해 재판부는 소송의 내용을 두 가지로 나누어 판결한다.

첫째, 4·19 혁명에 대한 피해 보상 청구에 대해 원고 승소 판결한다. 당시 우리나라에 민주주의보다는 강력한 정부가 필요했다는 피고의 주장은 일리가 있다. 하지만 국민들이 원한 게 원리와 원칙, 제도와 절차를 갖춘 교과서적 민주주의가 아니라 국민의 말에 귀 기울이고 국민의 이익을 위해 공권력을 행사하는 정치였음에도, 피고가 집권했던 12년 동안 국민들은 희생을 강요당하고 피고와 주변의 지지자들은 이익을 보는 정치가 진행되었다. 이는 옳은 정치, 국민을 위한 정치라 할 수 없다. 따라서 피고는 피고를 몰아내기 위한 4·19 혁명 피해자에 대해 보상해야 한다고 판결한다.

둘째, 한국의 정치 문화 저해에 대한 손해 배상 청구에 대해서는 원고 일부 승소 판결한다. 미국의 엄격한 삼권 분립에 따른 대통령 중심제, 영국 의회의 책임과 신뢰가 강한 의원 내각제, 프랑스의 거리 문화와 톨레랑스를 중시하는 정치 문화는 모두 초창기 정치 모습을 그대로 담고 있다. 따라서 초대 대통령이 잘못된 정치를 함으로써 이후 우리나라 민주주의 발전이 저해되었다는 원고의 주장은 일리가 있다고 판단된다. 하지만 이는 추측과 정황 증거일 뿐 구체적·실질적 증거가 없으므로 물질적 배상이 아닌 사과를 통한 손해 배상만을 인정한다.

어떤 정치건 간에 정치의 중심은 국민이다. 국민의 안전과 이익을 위한 정치가 아니라면, 아무리 그럴싸한 변명과 핑계를 갖다 붙여도 그것은 옳은 정치가 될 수 없다. 이번 재판을 통해 이 사실을 기억하기를 기대하면서 재판을 마무리한다.

역사공화국 한국사법정 담당 판사 정역사

"승소에 대한 선물이
또 다른 소송이라니……"

4·19 혁명에 대한 판결이 내려진 지 어느덧 한 달이 지났다. 재판 기간 내내 얼마나 긴장했던지, 재판이 끝난 뒤 일주일간은 하루 평균 열 시간씩 잤던 것 같다. 재판을 준비하면서, 그리고 이나라 변호사의 얌체 같은 변론에 대비하면서, 앞으로도 역사공화국에서 일하고 싶다는 확신이 생겼고 역사공화국의 재판이 얼마나 중요한지도 깨닫게 되었다. 왠지 역사공화국에서 내가 할 일이 많아질 것 같은 느낌이랄까? 아무튼 역사공화국이 아주 많이 좋아졌다.

물론 내가 역사공화국에 이렇게 호의적인 감정을 갖게 된 건 재판에서 이긴 것이 가장 큰 원동력이었다. 재판에 이기면서 내 미니 홈피에는 응원과 축하의 메시지가 넘쳐났고, 내가 맡았던 재판이 그토록 많은 사람들에게 관심을 받았다는 사실에 나 스스로 기특해지

기도 했다. 특히나 4·19 혁명은 몰라도 정치 문화에 대한 손해 배상 청구는 인정받기 힘들 거라던 사람들의 예상을 깨고 그 부분까지 원고 일부 승소 판결을 받아 내자, 많은 사람들이 놀라움을 금치 못했다. 원고인 장면 씨도 판결문이 발표되던 날 내 사무실에 찾아와 함께 축하하며 기쁨을 나누었다. 참, 그때 장면 씨가 분명 선물을 보낸다고 했는데…….

여기까지 생각이 미쳤을 때 사무실 문이 열리며 누군가가 들어왔다.

"여기가 한민주 변호사 사무실 맞나요?"

"네, 제가 한민주인데요, 누구시죠?"

저 남자, 분명 처음 보는 사람인데 낯이 익다. 누구지? 왜 이렇게 낯설지가 않지? 분명 처음 보는 사람인데…….

"장면 씨가 보내서 왔어요. 장면 씨가 한 변호사께 선물을 전해 주라고 하셔서요."

그제야 그 사람 손에 들린 선물 상자가 보였다. 장면 씨와 관계된 사람인가 보구나. 그러니까 낯이 익지.

상자를 뜯어 보니 고급 향수와 와인과 장미꽃이 들어 있다.

이거 뭐야? 장면 씨, 생각보다 상당히 낭만적이다.

선물을 보며 처음에는 피식 웃음이 나왔지만, 왠지 모르게 여자의 마음을 사로잡기 위해 고른 선물 같다는 생각에 기분이 좋아졌다.

"장면 씨께 감사하다고 전해 주세요."

"사실 그 선물, 제가 고른 겁니다."

선물 상자를 닫으려는데 그 남자가 말했다.

뭐야, 이 남자? 장면 씨가 선물 고르는 일까지 이 사람한테 시킨 거야? 어쩐지 장면 씨답지 않다 했어.

"네, 고마워요. 맘에 드네요."

"그런데 그 선물! 부탁이 있어서 들고 온 겁니다."

"무슨 말씀이죠? 장면 씨가 보낸 거 아닌가요?"

"아뇨, 장면 씨가 보낸 선물은 그게 아니라……."

"장면 씨가 보낸 선물이 이게 아니라고요? 그럼 대체 뭐죠?"

"그게…… 접니다."

"네? 무슨 말씀이세요?"

"장면 씨가 보낸 선물은 바로 저라고요."

"장면 씨는 분명 재판에 이겨 감사하다고 제게 선물을 보내겠다고 했는데요?"

"그 선물이 바로 저라고요."

"네? 대체 당신은 누구세요?"

"저는 박종철이라고 합니다."

박종철? 아니, 그럼 이 사람이 전두환 정권 때 고문을 받다가 죽은 대학생이란 말이야? 어쩐지 낯이 익다 했더니 사진으로 본 적이 있어서 그랬구나!

"아, 박종철 씨 이름은 알고 있어요. 그런데 박종철 씨가 어째서 장면 씨의 선물이란 거죠?"

"장면 씨는 당신에게 보낼 선물로 소송 의뢰인을 고른 것입니다."

그 말을 들으니 상황 파악이 됐다. 장면 씨는 변호사인 내게 최고

의 선물은 의뢰인이라고 생각해 박종철 씨를 보낸 것이고, 박종철 씨는 내게 변호를 부탁하기 위해 향수, 와인, 꽃의 3종 세트를 준비한 것이다.

"저…… 두 분의 선물이 고맙긴 한데요, 저는 아직은 좀 더 쉬고 싶어요."

"저는 한 변호사께서 꼭 제 변호를 맡아 주셨으면 합니다. 저는 고문 기술자들을 상대로 소송을 제기할 생각이거든요. 전두환 전 대통령을 상대로 재판하고 싶지만 아직 그가 죽지 않았으니 그 재판은 좀 더 기다려야겠죠?"

"저, 박종철 씨 뜻은 잘 알겠지만 아직 저는……."

"고문 기술자의 변론은 이나라 변호사가 맡는다고 하더라고요."

뭐? 이나라? 이나라 변호사의 이름이 나오자 나는 말문이 막혔다. 나와 싸운 지 얼마나 됐다고 벌써 재판을 준비해? 하긴, 이나라는 체력이나 전투력에서 따라갈 사람이 없었지. 그 덕에 일도 많이 했던 거고. 가만, 이나라가 변호를 맡는다고?

여기까지 생각했는데 벌써 내 입이 말을 하고 있었다.

"그 재판, 제가 맡겠습니다."

뭐야? 왜 이나라 얘기만 나오면 이렇게 흥분하는 거야?

어느새 박종철 씨는 고맙다며 내 손을 잡고 악수하고 있었다.

역사공화국에서의 내 두 번째 일이 이렇게 갑작스레 결정될 줄이야. 그것도 또 이나라하고. 역시 이나라하고 나는 하늘이 정해 준 앙숙이라니까.

이왕 이렇게 된 거 재판에 질 수야 없지. 2연승을 향해 나아가는 수밖에…….

역사 공화국에서 내 할 일이 많아질 것 같다는 예감은 역시 맞아떨어졌다. 이래서 여자의 직감이 무서운 거지.

암튼 이제 또 다른 재판을 맡게 됐으니 앞으로 나가 보자. 고! 고! 고!

4·19 혁명의 그날을 기리는
국립 4·19 민주 묘지

　서울특별시 강북구에 위치한 '국립 4·19 민주 묘지'는 3·15 부정 선거에 대항하다 희생된 분들의 묘지입니다. 우리나라 민주주의의 상징이기도 한 곳으로, 묘지와 기념관, 기념탑, 분향소 등으로 이루어져 있습니다.

　이 중 전시 공간과 영상실로 운영되는 4·19 혁명 기념관은 4·19 혁명의 배경을 설명하고 그 역사적 의의를 설명하는 공간입니다. 특히 영상실에서는 4·19 혁명에 관한 영상물을 보며 혁명의 배경과 전개 과정 등을 살펴볼 수 있습니다.

　그리고 국립 4·19 민주 묘지의 중앙에 위치하고 있는 4월 학생 혁명 기념탑은 높이 21미터의 화강석 탑주 7개로 구성되어 있습니다. 웅장하게 하늘로 뻗은 기념탑에는, 역사의 현장에서 피를 흘려야 했던 185위의 젊은 혼을 기리는 내용이 담긴 비문이 새겨져 있습니다.

　또한 국립 4·19 민주 묘지에서는 당시를 기리는 여러 조각품도 만날 수 있습니다. 4·19 혁명을 소재로 발표된 시 12수가 새겨진 시비도 있고, 학생들과 경찰이 대치하는 상황을 묘사한 '자유의 투사' 조각품도 볼 수 있습니다. 이외에도 의기에 넘쳤던 시민들의 모습이 담긴 다양한 조각품을 살펴보면서 그분들의 넋을 기리는 시간을 가질 수 있지요.

찾아가기 **주소** 서울시 강북구 4·19로 8길17(수유동 산9-1)
운영시간 전시관 관람 시간 9:30~17:30.
　　　　월요일 휴관(월요일이 휴일인 경우 그다음 날 휴관)
전화번호 02-996-0419

4월 학생 혁명 기념탑

4·19 혁명 기념관

『역사공화국 한국사법정 57 왜 4·19혁명이 발생했을까?』와 관련한
논술 문제를 풀어 봅시다.

※ 다음 제시문을 읽고 물음에 답하시오.

(가) 1. 기성 세대는 자성하라.

2. 마산 사건의 책임자를 즉시 처단하라.

3. 우리는 행동성 없는 지식인을 배격한다.

4. 경찰의 학원 출입을 엄단하라.

5. 오늘의 평화적 시위를 방해치 말라.

— 1960년 4월 18일, 고려대학교 학생의 구호

(나) 동래고 학도는 이렇게 외치노라.

일제의 탄압에서 조국 광복을 위해 목숨을 내건 선열과 이승만
대통령의 투쟁사를 읽고 배웠다. 이 빛나는 역사적 사실에서
용기를 얻어 우리는 진정한 민주주의의 수호를 위해 정정당당
히 시위한다.

1. 경찰은 신성한 학원에 간섭 말라.

2. 김주열 군과 김영길 군을 참살한 자를 속히 처단하라.

3. 행방불명된 사람들의 행방을 조속한 시일 내에 밝혀라.

4. 평화적인 데모는 우리들의 자유다.

— 1960년 4월 18일, 동래고등학교 학생의 결의문과 전단

1. (가)와 (나)를 읽고 이 글에서 알 수 있는 당시의 분위기와 이어지는 역사적 상황에 대해 글로 써 보시오.

※ 다음 제시문을 읽고 물음에 답하시오.

현하 북한 괴뢰는 남침의 기회만을 노리고 호시탐탐하는 차제, 근간 서울 시내의 공공 질서는 극단히 문란한 지경에 달하여 일부 몰지각한 군중들은 부화뇌동하여 소요 행위를 자행하는 등 중대한 사태에

계엄령을 선포한 이승만 대통령

이르러 정부는 국무원 공고 제82호로서 서울특별시 일원에 대하여 단기 4293년 4월 19일 13시 현재로 헌법 및 계엄법에 의거하여 경비 계엄을 선포하였습니다. 본관은 계엄법에 정하는 바에 따라 치안 확보상 필요한 한도 내에서 엄정하게 이를 운영할 것이니 시민 제원은 군을 신뢰하여 안도하는 동시에 무근한 낭설을 조성하거나 직장을 무단 포기하거나 모략을 자행하여 민심을 동요케 하는 등 경망한 행동으로 질서를 교란하고 안녕을 파괴하는 행위에 대해서는 법에 비추어 처단할 것이므로 각별히 계심하여 유감없기를 바라는 바입니다.

— 계엄사령부 포고문 제1호(1960년 4월 19일 13시 30분)

(……)

1. 현재 진행 중인 모든 집회는 즉각 해산하라.

2. 일체의 옥외 집회를 불허한다.

3. 계엄 지구의 제 학교 학생의 등교를 중지한다.

4. 통행금지 시간 제한을 준수하라.

5. 언론 출판 보도 등은 사전 조치를 받으라.

6. 유언비어 날조, 유포를 불허한다.

— 계엄사령부 포고문 제2호(1960년 4월 19일 17시)

2. 이 글은 4·19 시위에 대한 정부의 계엄령 포고문입니다. 이 글을 보고 당시 계엄령 선포로 변하는 것이 무엇인지 글로 써 보시오.

해답 1 (가)는 4·19 혁명이 있기 하루 전인 4월 18일 고려대학교 학생들이 당시 현실에 분노하여 외친 구호입니다. 그리고 (나)는 같은 날 오전 부산 동래고등학교 학생들이 교문 밖으로 뛰어나와 구호를 외치며 뿌린 전단에 적힌 내용입니다. 교실에서 학문을 닦고 공부를 해야 할 학생들이 거리로 뛰어나오고 구호를 외치게 된 것이지요.

이것은 오랜 세월 계속되어 온 자유당의 장기 집권과 부정 선거로 쌓였던 불만이 터져 나온 결과입니다. 특히 마산에서 시위를 하던 고등학생인 김주열 군이 행방불명되었다가 버려진 시체로 발견

되자 학생들을 비롯한 국민들의 분노는 극에 달하게 됩니다. 그래서 목소리를 높여 마산 사건의 책임자를 처단하고 행방불명된 사람들을 찾아낼 것을 요구하게 된 것이지요. 이러한 행동은 진정한 민주주의의 수호를 위한 것으로 다음 날 터져 나오는 4·19 혁명으로 이어지게 됩니다.

해답 2 부정 선거, 시위대에 대한 폭력 등 잘못을 하고도 이를 덮으려고만 하는 정부의 태도에 대학생과 고등학생은 물론 시민들의 분노는 가라앉을 줄 몰랐습니다. 전국 각지에서 시위가 계속되었고 그 규모는 점점 커져 갔지요. 그러자 이승만 정권은 계엄령을 발표해 시민들을 제어하려고 합니다. '치안 확보'라는 이름으로 국민들을 가두고, '경망한 행동'이라는 이름으로 국민들의 시위를 격하시켰지요.

계엄령 선포는 많은 것을 변화시켰습니다. 집회의 해산은 물론이고, 등교도 할 수 없게 만들었지요. 또한 저녁부터 밤, 새벽까지 통행이 금지되었으며, 언론 출판 보도도 사전 검열을 받아야 했습니다.

* 해답은 예시로 제시된 내용입니다.

ㄱ

국무 위원 47

국무총리 46

공보처장 56

경무대 101

계엄령 44

ㅁ

민의원 50

민중 운동 43

ㅂ

발췌 개헌 34

백골단 43

부결 43

ㅅ

사사오입 55

3·15 부정 선거 24

ㅇ

안보 65

5·16 군사 정변 150

유고 79

인지도 59

ㅈ

진상 규명 93

전시 109

절체절명 60

정권 퇴진 93

ㅊ

참의원 50

최루탄 89

ㅎ

해임 43

역사공화국 한국사법정 57

왜 4·19 혁명이 발생했을까?

© 박은화, 2012

초판 1쇄 발행일 2012년 12월 4일
초판 7쇄 발행일 2024년 4월 1일

지은이   박은화
그린이   이남고
펴낸이   정은영

펴낸곳   (주)자음과모음
출판등록   2001년 11월 28일 제2001-000259호
주소   10881 경기도 파주시 회동길 325-20
전화   편집부 (02) 324-2347 경영지원부 (02) 325-6047
팩스   편집부 (02) 324-2348 경영지원부 (02) 2648-1311
이메일   jamoteen@jamobook.com

ISBN 978-89-544-2357-1 (44910)